U0337039

Richard Templar
泰普勒法则丛书

人际

看不见的影响力

原书第2版
Second Edition

〔英〕理查德·泰普勒 著

高宏 译

The
Rules of
People

机械工业出版社
CHINA MACHINE PRESS

致　谢

　　谨感谢所有在我撰写此书的过程中给予我帮助的人，特别要感谢：

罗林·罗伊·格瓦拉（Rolin Roy Guevara）

尼克·桑德斯（Nick Saunders）

埃里·威廉姆斯（Elie Williams）

前　言

多年来，我根据对最有可能让我们过上成功、幸福生活的行为的观察，写下了很多法则。事实上，该系列图书包含几百个法则，每个法则都简要讲述了某种行为方式、某个做法、某种看待事物的方式，它们都将在一定程度上改进你的生活。如果把这些法则全部吃透，你将拥有巨大潜力，可以尽情享受生活。

不过，这里面有个小小的缺陷：他人。我是第一个承认这一点的人。无论你是多么有效地掌控自己的行动和反应、多么仔细地安排自己的生活，他人总是会插手，用扳手把你刚刚上好油、正在平稳运行的机器钳住。而且，对于他们这种行为，你还无能为力。真是这样吗？

是时候让本书出场了。因为，事实上，你会惊奇地发现，在鼓励他人采取既利己又利人的行为方式方面，你大有可为。我相信，在有了一定的生活经历后，你肯定会意识到，最快乐的时光便是大家齐心协力、努力工作，也就是当你感受到合作精神的时候。只要你不是反社会者（那样的话你就不会拿起本书），如果周围的人很快乐，你就会更快乐。这不是什么高深的知识，对吧？

如此看来，越是尽力让别人的生活更美好（不仅仅是你自己的），你自己的生活就会越轻松、越愉悦。要想做到这一点，诀窍就是让周围的人快乐起来。是的，如果你知道如何应对的话，就连那个脾气暴躁的同事、紧张兮兮的姐姐和大学里那个挑剔的导师都会稍稍变得不那么暴躁、紧张、挑剔。当然，你不可能挥动魔杖，让他们的烦恼全部消失，不过你起码可以做到这点：当他们与你在一起时，所有人都感觉更愉快。

多年以前，我曾和一个超级难相处的家伙共事过。我最讨厌早上走进办公室。他一点儿也不喜欢我，我也一点儿都不喜欢他。虽然我们一直都表现得很客气、彬彬有礼地对待彼此，但我们之间的敌意也很明显。最终有个明白人把我俩凑在一块，我决心再给他一次机会。幸运的是，他也给了我一次机会。

其实，我还是那个我，他也还是那个他，唯一发生变化的是我们的行为。然而，我们行为上的小小改变却起了巨大作用，让我们在彼此身上看到了以前从未看到的一面。而且，就像是某个老套的电影中演的那样，我们成了要好的朋友，即便我俩后来因换工作而分开，我们依然保持着密切联系。

这件事给我的启示是：我的行为能让周围人对待我的方式发生天翻地覆的变化。在这之后的几十年中，我在他人和自己身上无数次地观察到，如果一个人改变自己的行为，就会极大地影响那些与他／她打交道的人。

我们每天都要跟各种各样的人打交道，这些人性格不同，与我们的关系也不同。有些是我们在工作中或大学里遇到的人，你希望跟他们打交道时直来直去，不要引起麻烦或不愉快；有些是你的家人，你非常在乎他们，只有当他们都大体安好时，你才会真正感到快乐；有些是你的朋友，你经常和他们一起出去玩，因为你们很喜欢待在一起，不过有时候你也会为他们担心，他们中的一些人有时候也很难相处。除了这些人，你还要跟其他人打交道。比如，那个店老板，你经常停下来跟他／她闲聊；那个邻居，他／她大多数时候都很友好，不过不喜欢你的猫；那个客户，你想方设法要和他／她做成交易；那个管理你所在的跑步俱乐部的人；你的牙医；来到你店里的顾客、你的孩子的老师。如果你能以同样的方式对待这些形形色色的人，他们也会让你的生活更轻松。

形形色色的人过着形形色色的生活。怎样才能知人善任呢？答案就是，他们并不像你想象的那样不同，或者说，他们的不同没那么重要。你需要了解一些准则、原则、策略，即法则，这些有助于你改善与所有人的关系。

本书第一章讲的是如何了解人性，揭示了是什么让我们这样。我们骨子里都很相似，如果你能对人有总体的了解，就能在很大程度上了解每天遇到的不同的人。第二章讲的是如何帮助别人（我们都希望周围的人能感觉良好）。有时候我们太爱我们身边的人了，如果他们陷入麻烦，我们会很伤心；有时候我们想让他们发挥最大作用；大多数时候，我们都希望他们更快乐。如果我们与一天中遇到的人尽全力相处且帮助他们，那天晚上就会更容易入睡。

当然，你会希望很多与你打交道的人能支持你，而不是反对你。你想让他们站在你这一边，因为他们或能给你支持，或能让你的生活更轻松，或能帮你提升销售额，或能赞同你的决定。有很多办法可以鼓励他人开开心心地站在你这一边，而这正是你想要的。我们这些法则玩家对操纵、胁迫他人不感兴趣。我们想让他人心甘情愿地支持我们。事实上，我们根本不想让任何人站队，只是想让大家达成一致。

　　说了这么多，必须承认一点：有些人就是很难缠。也许他们哪一天过得不容易，也许他们的一生都很不容易，也许他们没有任何借口。无论背后的原因是什么，你都要掌握应对他们的最佳方法，这对你大有裨益。所以，在本书后几章，我给出了一些实用的法则，它们可以帮助你很好地应对那些难相处的同事、家人和朋友。

　　所有的核心法则都在这里了。不过，就如何与人打交道而言，毋庸置疑，还会有其他有用的法则。如果你有什么自己特别喜爱的法则，可以联系我。我不能承诺总是会第一时间回复你，但我会承诺：我会兴味十足地阅读你发来的信息。

理查德·泰普勒

如何实践这些法则

　　为了生活得更快乐、更成功而去阅读一本讲了 100 多条法则的书，难免令人生畏。那么，该如何阅读本书呢？你可能发现自己已经在遵循其中的一些法则，但怎么能指望一下子就学会几十条新法则并将其全部付诸实践呢？不要惊慌，你无须这样做。如果你做了什么，那是因为你想这样做。请把它保持在一个可管理的水平，这样你就会有信心继续做下去。

　　你可以用任何自己喜欢的方式来做这件事。不过，如果你想要点建议，那么我的建议是这样的：翻阅本书，挑出三四条你认为会对你产生重大影响的法则，或初次读到时让你眼前一亮的法则，或对你来说似乎是一个不错的起点的法则，把它们记录在这里：

_____

_____

_____

_____

　　你只需下功夫来实践这些法则，坚持几个星期，让它们变得根深蒂固，直到成为你的一种习惯，你无须特别费力就能应用它们。很好，现在，你可以重复这个练习，再记录几条你接下来想应用的法则：

_____

_____

_____

_____

_____

很棒。你的进步可真不小。按照你自己的节奏继续践行这些法则，不要着急。不久你就会发现，你已经真正掌握了所有对你有帮助的法则，而且越来越多的法则会成为你的习惯。恭喜你，你成了一个合格的法则玩家！

目　录

第二章　帮助他人

第三章　让人们站到你这边

第四章　学会应对难相处的人

第五章 附加法则：社交法则

第六章　其他不可错过的人生智慧

第一章

了解人性

　　当每个人都很开心，齐心协力做事情时，所有人都会受益。你希望他人能发挥最大作用（这既对他人有利，也对你有利），还希望自己能最大限度地帮助、支持他们。这二者其实相辅相成。所以，若要人尽其用，你就得知道是什么让他们成为那样的人。

　　如果你的车出了故障，你肯定会打开引擎盖查看，否则无法修好它。也许这是个非常简单的故障，但是，如果你不懂基本的机械学知识，就修不好它，也不能指望它能送你到家。只要你对内燃机的工作原理有简单的了解，你还是有机会处理好故障且抵达目的地。

　　同理，即使对人性只有最基本的了解，你也能从他人那里得到你所需要的，同时还能帮助他们。本书第一章则阐述了有关人类行为的法则。在与他人打交道时，这些法则会派上很大用场。它们是人们的某些行为背后潜藏的因素，能给你一些线索，如果他人目前的行为方式对你或对他们不利，或者对你们双方都不利，你可以利用这些法则劝说对方改变自己的行为方式。

　　在本章末尾，我附上了几条关于如何帮助进入青春期的孩子的法则，因为我发现很多家长在孩子的这一阶段都无所适从。他们知道自己的孩子即将成年，需要支持，可是对于该如何给予其支持却没有信心。注意，所有这些法则的适用对象都不仅仅是你自己的孩子，它们也同样适用于其他关系。

　　这些法则并不复杂，也不牵涉科学（我还没聪明到这种程度）。它们只是我通过一些最基本的观察总结出来的，一旦你对其加以思考，也会有所认识。

法则
001

了解人性很有用

　　我们都有自己的背景和故事，它们解释了我们为何会做出某种行为。好吧，我承认它们并不总能证明我们的行为是正确的，不过至少解释了我们为什么会做出这种行为。当然，别人不可能像你一样熟知这些故事的所有细枝末节和错综复杂之处，但很多人都能明白要点。

　　为何某些事情会让你比其他人更焦虑、更紧张、更激动、更愤世嫉俗、更抑郁、更放松、更愤怒或更自信？这背后是有原因的。可能是家族遗传，可能是因为你过去的糟糕经历，也可能是弗洛伊德所说的"一切都归因于你的父母"。你的朋友可能会说你不该对这个问题有这么大的压力，或对那个问题那么大的怀疑，或太悠闲，或总是大喊大叫。他们不理解你，但如果他们和你上过同一所学校，或是经历过你经历的那种贫困，或是有和你一样的兄弟姐妹，或是为你的上一个老板工作过，就会理解你为何会有那样的行为。

听着，每个人都如此。地球上的每个人都是由他们的个人经历所塑造的。所以，如果你的同事对你冷嘲热讽，或者你的朋友让你失望，或者你的伴侣忘记了你的生日，你只需记住，凡事必有原因。这个原因可能很荒谬，但它一定存在。

我之所以告诉你这些，是因为如果你明白了这个原因，就可以更轻松地应对他人的负面行为。即使你无法改变他人的行为方式，你也会发现，在了解了原因后，接受起来会稍微轻松些。很多时候，正因为你做好准备要去了解对方，对方才放下防备，决心改变自己的行为。

假设你的领导总是在工作进度落后于计划的风险出现时（无论是一个重大项目还是一次公司内的午餐会议）表现得很紧张。这不是你的错。你也不喜欢他把压力转移到你身上。不过，要是你知道（甚至只是怀疑）老板的父亲是个纪律严明的人，特别讨厌迟到，那会怎么样？或是知道在上一个工作任务中，你的领导因未能按时完成一个关键的任务而错失了晋升机会，又会怎么样？你有没有对他多了一点点同情？你是否愿意帮他一下？好，那你就务必要始终按时完成任务，如果某件事不得不拖到最后一刻，也要提前让他知晓所有时间节点，并向他详细说明原因。这样一来，你的领导就不会那么紧张，也不会把压力转移到你身上。这岂不更好？

有一点要清楚，我并不是在为不当行为开脱。当然，谁都不能把自己的压力、愤怒、焦虑、不安全感或其他任何情绪发泄到别人身上（没人应该受此待遇）。但这种情况的确会发生。如果你是接受一方，这条法则适合你。我之所以帮你了解他人的行为动机，并不是让你为了对方而这样做，而是为了你自己。

地球上的每个人都是
由他们的个人经历所塑造的。

法则
002

——

没人非得跟你一样

　　坐在我旁边的同事总是将办公桌收拾得干干净净，而我却觉得完全没必要，不但毫无意义，还折磨人。在他的桌上，所有的文件都被码得整整齐齐，咖啡杯被放在精致的小杯垫上，每支笔、打孔器和回形针也都各就各位。这种秩序感也贯穿于他的工作方式中：所有东西用完后都必须立即归位，所有笔记都必须用对应颜色的笔来写，每封电子邮件都依据类别用不同颜色编码并存档，详细的待办事项清单都用编码标明优先级、紧急程度和重要性。

　　这让我抓狂。这个人不可能冲动地做任何事情，不可能在完成任务的过程中改变方向，不可能自发地提出后续想法，更不能接受我把一份乱糟糟的文件丢在他那完美的方形文件阵列上。我曾经认为这很荒唐，认为他扼杀了自己的创造力，束缚了自己灵活应变的能力。

　　可是，我最终不得不承认也会出现例外。如果突然发生紧急情况，你猜是谁总能先他人一步找到相关的电子邮件？如果我们忘记了某项任务的某个重要组成部分，你猜是谁会提醒我们？谁总是带着全部文件和备用的副本准时出席每次会议，以防像我这样的人把会议文件落在自己桌上？

实话实说，在很长一段时间内，我看不起这位同事，因为他不像我一样机智，能想出各种点子，也不能让别的部门为我们部门卖力，更不能自发地行动。不过，阻止他做这些事情的并不是他那张井井有条的办公桌。他只是与我不同而已。这张桌子是他的标签，也是他的某种技能的标签（这个技能和我的完全不同）。而且，我逐渐意识到，他的技能至少和我的一样有价值，只是不同而已。

人人似乎都认为自己的方式是最好的，而且有时候还会为有这种想法而愧疚。我们还会认为，那些跟我们不一样的人是不对的（至少没我们正确）。记得在我大约 12 岁的时候，有一天我在一个朋友家过夜，我发现他家使用的是另一个品牌的牙膏，跟我们家用的不一样。我觉得这家人实在太奇怪了——很明显我们家的牙膏是最好的品牌，否则我们就不会用它。那为什么他们不用呢？

我知道，其实你也明白这些道理，只是有时很容易忘记。当别人把我们逼疯了时，我们的第一反应往往是批评他们愚蠢、不理智或不讲理，而不是仔细考虑一下并认识到他们的行为是很合理的，只是刚好不适合我们。可是，如果你想知人善用（为你，也为他们），就必须坚定地承认，你可能不喜欢什么，但这并不意味着它不好。一旦我最终接受了这一点——我的同事永远不会有一张像我那样乱糟糟的桌子，而且这其实很正常——那么喜欢他、欣赏他就容易多了。

————————

你可能不喜欢什么，

但这并不意味着它不好。

法则
003

人们只听他们想听的

我的一位教师朋友告诉我，有件事她总是很难跟学生讲明白，那就是：如果他们想取得好成绩，就应该学点别的，他们现在学的专业并不是他们的专长，因此不可能学有所成。她告诉我，有时候为了让学生听得进她的话，她不得不采取很粗暴的态度。

事实上，人的设定就是挑选出自己想听的事情，忽略掉自己不想听的事情（这一设定的程度非常高，以至于人们根本意识不到自己在这样做）。不过，如果你想让别人站到你这边与你合作，就得明白，如果他们不想听什么，你就得付出极大努力来表达你的观点。

这是人的本性，没必要为此感到懊恼，只需认识到这一点即可。不管你是跟老板说你无法在他规定的截止日期前完成手头的报告，还是告诉妹妹你们无法一大家子一起去度假，都要注意他们是否真的理解了你说的内容。如果你怀疑他们没理解（跟你就一些事实进行争论，或者在你说清楚了之后依然像先前那样自顾自地说话），就更要跟他们解释得清楚一些（"下一次的数据要到本月 22 日才能有，这意味着在此之前我们不能启动对数字的处理"），如果他们仍然不相信，就问他们问题（"我们能不能对数字进行猜测，这样就不需要最新的数据了"）。提问会迫使他们思考，这样他们就会面对一直在回避的问题了。

不要东拉西扯，要让自己的话语简明、清晰、具体、直白。不要对老板闪烁其词："这个问题是，嗯，您看，到月底了，看起来有点棘手。我的意思是，离最后期限很近，工作量很大，所以……很难说我们能否按时完成。"

这不行。你得说："恐怕报告不能在月底出来。我可以下个月五号交给你。"如果可以的话，把这些话形成文字交给老板。

说到底，对方为何不想听？是不是增加了他们的工作量？或者他们不想跟别人说不好的消息？或者这意味着他们得不到想要的结果？或者你破坏了他们的计划？或者这涉及变化，而他们不喜欢变化？如果你能发现他们的心理障碍，就更容易帮他们克服这些障碍。这至少有助于你表达自己的观点："我知道这可能会让妈妈失望，可是今年我们真的没法一起去度假。"

听着，你要尽早跟对方把事情说清楚。如果你的老板根本不可能在月底拿到你的那份报告，或是今年你们一大家子不可能一起去度假，你要把这一点说明白。越是拖泥带水，情况就会越糟糕。而且对方会说："我知道你说过很难，可我没想到根本无法完成……"或者对方会问："你为什么不早点告诉我？"你会对此很急躁，因为你很早就告诉他们了，只是他们没听。

哦，我知道你会问，是的，这同样也适用于你。你也只听自己想听的。意识到这一点绝对没坏处。

———————

不要东拉西扯，要让自己的话语
简明、清晰、具体、直白。

法则
004

人们只相信他们愿意相信的

我最近读到一些有趣的东西。研究人员找到两组对某一政治话题持相反观点的人，分别给了他们一些有关该话题的统计数据和其他相关数据（铁的事实）。研究人员发现，无论这些人持何观点，都坚信那些事实能够支持他们的观点。

我们所相信的不仅仅是客观事实，它与我们的整个世界观有关——这是一个复杂的组合，包括我们所受的教育、我们过去的经历、我们的朋友相信什么、我们想打动谁，以及我们如何看待自己。"信念"这一概念经常指的是精神性的方面，因为它不但与事实密切相关，也与信仰密切相关。这是无法辩驳的一件事（无论你多么想辩驳）。

你还记得上一次与某人进行激烈的政治辩论，最后对方说"其实，你的观点很好。你说的很对，我已经改变了想法"是什么时候吗？肯定不记得，因为这几乎从未发生过。是的，我们都在对事实进行辩论，但它们只是构成我们的信念的一小部分。比如，一个种族主义者和一个非种族主义者在互相争论时，会大量引用关于移民对就业市场的影响等统计数据，但这些数据并不是他们坚持自己观点的真正原因，所以也不可能改变他们的想法。

真正发生的情况是，我们在直觉的基础上形成了自己的信念，然后对它进行理性分析（寻找事实来支持那些我们已经确定要相信的东西）。只是我们并未意识到这个过程，因此会欺骗自己，认为自己的观点比对方的观点在逻辑上更说得通。

这就是为什么与他人（当然，那些已经站在你这一边的人除外）讨论政治或宗教真的没什么意义。文字、事实、统计数据（你手头的辩论工具）永远不会改变人们的信念，这就是问题所在。

通常情况下，你无论做什么都无法改变对方，你是在浪费时间。但这并不意味着一个人不可能改变其信念，唯一能让他们改变的便是沉浸式体验——他们必须亲自去体验，你不能代替他们。

多年来，你可能已经改变了自己的信念（或是突然改变，或是几乎难以察觉地发生了）。所以，回头看看自己的转变：为何不再投票给保守派而开始投票给社会主义者？为何不再赞同私立教育？为何认为也许花生酱和果酱确实可以一起吃？

这种转变有多少次是你与当时不同意你观点的人讨论的结果？我敢打赌，你的回答是几乎一次没有。你之所以转变，是因为住到了一个新的地方或者认识了一群人，他们的情况影响了你——或是改变了你的个人情况，或是教你以不同的方式看世界。换言之，没人能替你改变你的信念，是你自己在生活经历的影响下改变了它们。

当你再次与一个持有你认为是愚蠢的、不合逻辑的或在某些方面站不住脚的观点的人进行激烈辩论时，请记住我上面说的这一点。我并不是说你不应该为你的信念站出来，只是在让对方改变主意这个问题上，你要现实一点。

他们必须亲自去体验，
你不能代替他们。

法则
005

你的态度会影响对方的反应

人是社会动物，需要互动。我们会和他人联手，会激发彼此的想象。满足我们的情感需求和精神需求的往往不是沟通的内容，而是沟通的方式。

这并非什么新观点。它提醒我们，有效的沟通靠的是参与沟通的双方（或所有人）。如果你的交谈对象看上去没有在听你说话，你就会感觉很愤怒，或者感觉受到轻视，或者感觉很懊恼。你意识到了这一点，可是，你是否总会停下来思考自己对对方的影响？

如果你想让自己与别人的关系有价值、有成效（你当然想），就要认识到，自己需要对每次谈话和每次互动做出贡献。比如，如果你表现出一副要吵一架的架势与对方交流，你就真的会和对方吵起来；如果你表现得像是个好说话的人，别人就会占你的便宜；如果你表现得很自信，别人就会相信你能把工作做好。

每当你想从某个人那里得到某种回应或反应的时候，想一想，为了得到自己想要的，你在交流中投入了什么。你想要的可能是某种一次性的挑战（让老板给你一个机会来证明你自己），也可能是想打破某个长期模式的机会。所以，假如你的朋友总是想说服你做一些你并不想做的事情，想一想是不是你曾经说了或做了什么，导致你的朋友给你施加压力。你是否养成了还没开始说就放弃了自己的想法的习惯？是否一开始虽拒绝，可心里却知道自己最终还是会同意？如果你想让事情发生改变，就要在这上面下功夫。下一回，当你拒绝别人时，要坚决一点、认真一点。

我认识一些人，他们本来能好好利用开会的机会提出自己的想法，最后却没做到，因为他们讲话的时候总是犹豫不决。这让他们听起来似乎没把握、没经验、没能力。当他们在句子末尾使用上升语调的时候，这种感觉尤其明显，似乎他们连自己都不相信自己。整个会议室的人都没意识到自己为何会有这样的反应——他们只是感觉讲话者并未令他们感到信服。同样是这个人，同样是提这些建议，如果他／她能坚定、自信地讲话，可能会得到截然不同的反应。

这看起来似乎显而易见。可是，你仔细观察一下，看看有多少人都未能领会这一点。看看你的周围，你会发现，有的人嘴上说不想跟孩子吵架，可是紧接着就开始唠叨、批评，还很奇怪为何孩子会还嘴。你会发现，有的人本想在开会时说服他人，推行自己的理念，可是进会议室的时候却是一副防备、开战的架势，这绝对不行。

轮到你讲话时，这道理就没那么浅显了。所以，当某场谈话未能按你想要的方式进行时，你要好好反思一下自己是如何开展这场谈话的。我不是说这是你的错，也不是说你每次都要这样做。不过，如果你想让事情按你的方式进行，请思考一下你该怎么做。

如果你表现出一副要吵一架的架势与对方交流，
你就真的会和对方吵起来。

记住自己对他人的第一印象

我记得我曾经聘用过一个人，她符合我的所有要求：友善、外向、有能力、有经验、热心。不过，她也让我有点不安。虽然只是一种模糊的感觉，但我隐隐觉得她是那种很难缠、要求很高的人。但是，我没有任何确凿的证据来证明这一点，而且那时她是最适合做这份工作的求职者，所以她被聘用了。

上班第一天她就要求换办公桌。反正有张桌子是空的（她想要换过去的那个），于是我同意了。我有点不情愿，因为我再次产生了那种不安的感觉，觉得她像是在拿这个要求来试探我的边界，不过她给出的理由合乎逻辑，所以我也就答应了。在接下来的几个月内，一切都很顺利，她的确极其擅长这份工作。我差一点就忘了初次见到她时我心中那种不安的疑虑了。

接着，她让我把她的工作时间削减到一周上 4 天班。这一次她的理由依然很充分（她母亲病得很重，需要额外看护），而且她也的确能把工作压缩到 4 天内完成（每天的上班时间长一些）。于是我又一次同意了，尽管她这个职位并不适合灵活工作制。不过我让她明白，这不是最理想的安排，她不能再压缩工作时间了。她很感激我，说这绝对没问题。

就这样又过了 6 个月。之后，她又要求把工作时间削减到每周上 3 天班。这根本不可行（我需要她在办公室工作），于是我拒绝了她的请求。她离开了——没通知任何人，收拾好东西就走了，临走前还告诉我，我太不可理喻了，她没法为我这样的老板工作。

我们对人的第一印象往往都是准确的。也许在很长时间内，你都以为自己猜错了，可是突然，你就会发现你的猜测完全正确。其实，我这位前雇员给我打了 18 个月的工，而且工作得很出色。尽管她走的时候给我留了个烂摊子，可我很快就把它理顺了，而且总体来看，这或许是值得的。所以，事后看来，我可能还是会给她这份工作。

不过，这也提醒我们不要忽视自己对他人的第一印象，不要忘记它。你可能和我一样，不会按照第一印象行事，这很好，只是交往的时候眼睛要睁大点。如果后来事情变得棘手，要始终牢记你的第一直觉。不要忘记自己当时产生的关于这个人不可信的感觉，或是这个人待不长的直觉，或是这个人不可靠的疑虑。

如果你的担心是多余的，那也不要紧，谁还不会出错呢。但是，如果事情开始变得不对头，你就要回过头来审视一下自己的直觉反应。

顺便提一下，反之亦然。有时你会感觉某个人不讨人喜欢，但其实他 / 她非常忠诚，或者很有韧性、很大度。请你也记住这个感觉，如果你将来需要回想这些品质的话。

也许在很长时间内，你都以为自己猜错了，
可是突然，你就会发现你的猜测完全正确。

法则
007

人有部落属性

　　每个人都想有归属感，这是人的本性。可我们归属于什么呢？我们其实归属于很多部落和团体，有些大，有些小，有些很近，有些比较远。你属于你的家庭、你的村子或镇子、你的城市或地区、你的国家，你还属于你的学校、你工作的公司、你的健身俱乐部或你的社交媒体群。

　　我们忠诚于自己的部落，这算是对部落的某种定义方式。它是一个群体，我们对它忠诚，因为我们感觉自己属于它，是它的一部分。不过，当然了，我们对自己的部落比对别人的部落有更强的忠诚度和归属感。我们大多数人都对自己的家庭怀有深厚的感情，对自己所在的社区也有很深的感情（但没那么强烈），然后是我们所在的地区和国家。如果你在办公室工作，你可能会感到自己是公司的一部分，不过你与你的科室的关系最紧密，然后是部门或分支机构，之后是区域分支，以此类推。有时我们还可以将部落分得更细：小家庭、大家庭、大家族（表兄弟姐妹等）。

这一切都很好，但一旦这些群体之间出现利益冲突就麻烦了。假如有件事对你的公司有利但对你的部门不利，该怎么办？如果有件事对国家有利但对你的城市不利，该怎么办？这时候，你就很可能把那个与你关系更近、更紧密的部落放到第一位——至少，你想这样做（你也可能会让理智战胜情感，但大多数人都不会这样）。

很多全球问题的根源都在这里。在国家层面，你可以称之为爱国，这要看你采取什么视角。虽然我们衷心希望全世界的人都幸福，但如果我们感觉在向这个伟大目标迈进时自身的幸福受到了威胁，就很难会支持这个伟大目标。

这就是人类的处境。我们是一个有社会性的物种，我们的本能便是对那个对我们来说最紧密、最亲密的社会群体表现出最深的关切、给予最有力的保护。这并不是说我们为自己所在的部落做出的某个行动或给予的某种支持永远是正确的，而是说，我们要做好心理准备接受这一点：人们会偏爱自己的部落。如果我们想让别人支持我们，就要想办法让他们对我们的部落产生归属感。

超市搞的"积分卡"方案起的就是这个作用。他们想让你对他们忠诚，这样你就会一直在他们那里购物。注意，消费者也不傻，光靠一张卡是无法搞定大多数人的。不过，精明的商家总会想出其他办法来让消费者对他们产生归属感。

我并非在评判这样做是对还是错，我的意思是，如果你想理解（或影响）人们的行为方式，就必须得把这一点考虑进去。它是你的朋友或同事的某个很小的行为的根源，也是一些全球性政治运动背后的原因——这些运动可能是由一种对部落受到威胁的集体恐惧驱动的。例如，英国之所以举行脱欧投票，归根结底还是与部落性政治有关。我并不是要在这里大谈政治，只是想看看背后的原因。

如果我们感觉在向这个伟大目标迈进时
自身的幸福受到了威胁，就很难会支持
这个伟大目标。

法则
008

每个人都想有价值感

低自尊是很多精神疾病和不幸福感的根源。他人做出的很多将你逼疯的行为（从霸凌到疯狂控制），都是由低自尊滋生甚至造成的。

近年来，"低自尊"这个词的使用频率越来越高。在我年轻的时候，人们用另一个术语来表达相同的意思：自我价值。在某些方面，我更喜欢这个老式的说法，因为它的意思要直白得多。它讲的就是要认识到自己的价值。

若要接纳自我，每个人都需要这种有价值的感觉。为了拥有自我价值，有些人付出了比别人更多的艰辛。我们一生中都碰上过能轻松获得自我价值或很难获得自我价值的时候。比如，在养儿育女的过程中，你的父母可能感觉自己是有价值的，可是，一旦儿女离开了家，他们自己也退休了，他们可能就会觉得谁都不需要自己，进而怀疑自己的价值。

有些青少年也很难获得自我价值，因为人们并不期待他们能做贡献（无论是对社会还是对家庭），所以他们很难感知到自己的价值。在自尊上得益的往往是那些在周末打工或在家里干家务的青少年。

你无须为任何人的自尊负责（只要你不去破坏它），不过，要理解每个人都需要自尊，就连你那些飞扬跋扈、有魅力、自信的同事们也需要。或许他们已经拥有了良好的自我价值感，可是如果它遭到破坏、被剥夺，他们就要痛苦不堪了。

很多人意识不到自己是有价值的，特别是当他们学会了怀疑自己的价值后（不管出于什么原因）。大多数人都需要从别人嘴里听到，才能证实这一点。所以，如果你想让某个人充满自信，就在他对你有帮助、有用或有价值的时候告诉他。对他表达感谢就可以，如果能再多说一点更好，比如："谢谢你。真不知道你怎么干得那么快，不过这可让我这一天轻松了好多。"对于他们所做的事，你说得越具体，听起来就越真诚、可信。所以说，一句简单的"谢谢"比什么都不说要好，但也仅此而已。

你还会发现，如果与你合作能让别人自我感觉良好，他们就更有可能与你合作。这是双赢。所以，如果别人为你增加价值，就一定要感谢他们。这种感觉很好，他们会想继续帮助你，而你也会得到所需的帮助，还会觉得自己帮他们认识并提升了自我价值。谁不想要这个结果呢？

对他表达感谢就可以，
如果能再多说一点更好。

法则
009

只有喜欢你的人才会逗弄你

有些人讨厌被逗弄，因为这让他们感觉在某种程度上被批评了。我们通常会拿某个可能被认为是缺点或瑕疵的点去逗弄别人。比如，有人爱迟到，有人会对某个特别喜欢的话题喋喋不休，有人的着装方式不妥当，于是逗弄就似乎带有一定程度的批评意味。有时候我们甚至会把一些正面的特点变成负面的，比如说某个人总是那么高效，或是每次出现都打扮得无可挑剔。

这就是逗弄，即专门把某个特征跟某个人联系起来，然后就这一点拿他开玩笑——为了制造幽默效果，我们会以戏谑的方式假装否定那个人。

当然，这里有个界限，如果过了界，逗弄就会变成霸凌（可以看成是另一种开某人玩笑的方式，它也会引人关注一些可以察觉到的缺点）。不过，霸凌可完全不同。

两者的区别是，霸凌是为了用某种方式让对方感到不舒服，其目的是让对方感觉不佳，而逗弄这件事却是带有感情的，我们只会逗弄我们喜欢的人，目的是通过分享笑声（至少是分享幽默），使逗弄者和被逗弄者凝聚在一起。逗弄是积极的，会让人感觉很好。想想你会逗弄的那些人吧：家人、朋友、最喜欢的同事。我们才不会去逗弄自己不喜欢的人，对他们，我们可能会说一些讽刺挖苦的话（如果我们不是法则玩家的话，可能会这样做），但逗弄是带有感情的，所以我们会把它留给那些我们喜爱的人。

我认识很多人，他们以前都不喜欢被逗弄，但了解了逗弄的本质后，他们的态度就变了。一旦你认识到逗弄是一种表达爱意的方式，被逗弄这件事就会瞬间变得积极起来。再者，正因为我们喜欢自己逗弄的对象，所以我们不会用逗弄来戳对方的痛处——我们可不想让对方以为我们说的是真心话。假设你的一个朋友总是在最后一分钟取消安排，让你很不爽。此时你不会去逗弄他，因为这会惹他不高兴，而你也不想冒这个风险。如果你想解决这个问题，就会认真地去找他谈。

这意味着你完全可以相信，别人逗弄你的所有事情都不是真的，否则他们也不会拿它来逗弄你，因为不合适。所以，如果你的同事逗弄你上班时总是宿醉未醒，要么根本不是这样，要么就是他们觉得你的这一点特别有趣。如果他们对此感到烦恼，就会坐下来跟你认真地谈一谈了。

当然，偶尔也有人会无意中戳到你的痛处。如果是这样，你可以告诉对方，你不希望他们拿这一点来逗弄你。放心去说，没问题。如果他们喜爱你，会开心地答应。

———————

一旦你认识到逗弄是一种表达爱意的方式，
被逗弄这件事就会瞬间变得积极起来。

法则
010

调侃不是逗弄

你可能会在这个问题上与我争论——有人称其为调侃，其他人则可能称之为逗弄或霸凌。不管怎么说，上一条法则讲的是亲昵和无害的玩笑，而这一条讲的则是我所说的逗弄和公然的霸凌之间的那个地带。我用调侃这个词来指做一些让对方不高兴的事情。不过，这个灰色地带最明显的特征是，肇事者并没有让对方不高兴的意图（而霸凌则是持续、故意的伤害），可他们却这样做了。

我们很难客观地评估霸凌。在工作中，有人可能会以开玩笑的方式对你说一些话，你可能会觉得很有趣，并机智地反唇相讥，而且很享受这个过程。但是，同样是这个人，如果他 / 她对你的一个同事说同样的话，你的同事可能会感到难过。在这种情况下，很难说发表这种言论的人在欺负他人，因为他无意让任何人不高兴。可是，他已经让某人不高兴了。所以，这不仅仅与你说的内容有关，还与怎么说以及对谁说有关。

这就是我所说的调侃这一灰色地带。很显然，这不应该发生，因为有人已经不高兴了，这绝不是好事。但是，当你的同事评论你时，我并不称之为调侃（那是亲切的戏谑，是善意的）。所以，你的同事可以对你做这样的评论，但不能对其他同事做同样的评论。同一个评论者，法则却不同，太令人困惑了，对不对？问题就在于，我们都有着不同的经历，对世界也有不同的看法。某句话可能会伤害某个人，而对另一个人来说却无所谓，这其中肯定有原因。当然，你并不知道这个原因是什么，在调侃对方之前，你也不知道他们会有什么反应。

这就意味着，你在说这种玩笑话来调侃别人时，必须对对方的反应保持警惕。如果你明显越了界，但在意识到这一点后并没有重复刚才的玩笑话，这就是你所能做得最好的事情；如果你在越界并意识到后继续开玩笑，就走偏了，在向霸凌地带靠近，这很危险。是的，你说了一些话，而且知道它会使另一个人难过，这就是霸凌行为，你无法逃避。同样，不管是谁（即便是你的朋友），只要他们明知自己会让某人不快，却依然坚持发表评论，就是在霸凌别人。

最糟糕的调侃往往发生在群体当中。但在这个场合下，对群体中某个人的持续调侃有助于提升"部落"的凝聚力。例如，每个人都开玩笑说某人有多矮，因为这已经成为你作为该部落成员的行为（通常情况下，群体中的每个人都会因为某些特征而被刁难）的一部分。而此人呢，他想留在部落里，可他其实很讨厌被人嘲笑个矮，他觉得自己被欺负了，但又不能直说。

群体内的调侃可能会升级为严重的霸凌。在这种情况下，受害者并不能表达他们受到的伤害，因为这会削弱他们的部落成员资格。可是，他们却又无法离开部落。当然，作为法则玩家，我们一定不能让这种情况在我们的朋友中发生。万一发生此类事件，我们也千万不要加入，而是要尽最大努力制止它。这事做起来不容易，但我们必须尝试。

不管是谁（即便是你的朋友），
只要他们明知自己会让某人不快，
却依然坚持发表评论，就是在霸凌别人。

法则
011

每个人都有不安全感

你有没有在工作中做过展示？这可能很重要。也许不是每次都这样，但在实现目标、给老板留下好印象和可能对更高级的管理层产生影响方面，可能很多都取决于你做的展示。因此，你感到焦虑、担心，这很正常，因为你的展示很重要，绝不能出错。

别人做的展示似乎很娴熟、完美，他们看起来很自信，就像只不过是在为自己做一个三明治或去散步一样。这没什么——以前做过无数次了，怎么可能出错？

其实，他们都在演戏。在内心深处，他们和你一样紧张；而在外表，他们表现得平静、自持。他们怎么会不担心呢？他们的展示对于他们来说也很重要，如果不担心就太奇怪了。

是的，我知道有那么几个幸运儿，他们做起公众演讲来极其自信、极其富有经验，因此不会感到焦虑。但这类人比你想象的要少得多。也有少数人不像你这么紧张，但同样也比你想象的少得多。即使你呼吸困难，感觉自己要晕倒了，像你这样的人还是大有人在。

　　还有一种情况。那些真的觉得做展示易如反掌的人其实全都会在其他情况下感到紧张、缺乏安全感。每个人都会这样。虽然程度不尽相同，但每个人都承认有这种感觉。这些其他情况可能是参加聚会、不得不给人做饭、游泳、工作面试、对一段关系做出承诺、看到蜘蛛和去医院看病。每个人都是自己的经历的产物，在生活中都有过一些导致不安全感、担忧和焦虑产生的经历。

　　如果你想了解别人（这也是拥有最有成效的人际关系的方法），就得知道，无论一个人看起来多么自信，他／她都会有自己独有的不安全感。这种不安全感隐藏在某个地方，你可能永远看不到，但确实存在。有时候，一个在你看来特别自信的人会以完全出乎意料的方式行事，这或许是因为在他／她的内心深处，他／她其实感到很渺小、很焦虑。我认识这样一些人，如果他们要去做一些对他们来说似乎有点可怕的事情，感觉压力很大，就会有生气的倾向，即使这压力是他们自己给自己施加的。同样，有些人会沉默不语，有些人表现出戒备，而有些人则想出各种虚假的论据来反对某种行动方案。这些人要么并未认识到自己的不安全感，要么不想承认它，但这就是背后的原因。因此，要注意那些隐秘的不安全感，当你发现它们时，要善待它们。你知道那是什么感觉。

或许在他／她的内心深处，

他／她其实感到很渺小、很焦虑。

法则
012

本性难移

每个人都是由基因、教育和经历"调配"成的独特的产品。这些都不是我们能改变的东西。所有这些原料融合在一起，造就了今天那个非凡的、独一无二的我们。

我不知道你的厨艺怎么样，可是，如果你把鸡蛋、自发粉、黄油和糖放在一起，就能做出某种蛋糕。[一]你能发挥的并不多。比如，如果你想做的是煎蛋，就不应该放糖（其实也不应该放面粉，黄油也只需放一点点）。如果你用的是一组预先设置好的配料，那就没什么可操作的空间。

人也一样。该是什么样，就是什么样。大多数人都不会花很多时间思考是什么让我们成为这样的人，因此我们也几乎无法控制自己的行为、反应、感受、应对问题的方式和工作的方式。

我们很容易评判别人，认为他们"不该"以某种方式行事，但其实他们没有多少选择。你可能会认为自己的表现跟他们不一

[一] 还需要烘焙一下。我之所以提到这一点，是担心你对厨艺真的一窍不通。

样，你也许是对的，因为你的"原始配料"不同。即使你开始时没有面粉和糖，哪怕只有一点优质奶酪，也能做出美味的煎蛋。他们却不行。

我并不是说即使我们想要改变，也无法去改变，而是说，我们之所以能改变，是因为我们选择了把自己暴露在能让我们改变的环境中。当然，也许我们现在还不能做出这个选择（要有合适的"配料"才行）。

我们不要陷入关于自由意志和决定论的哲学辩论（尽管这很有意思）。这条法则讲的是他人：在行为方式上，他人并没有你那些选择（如果他们有任何选择的话），因此，你不能指望对方为了配合你而把自己变成另外一个人。或许你的伴侣无法遵守承诺，或许你的老板在授权方面总是出问题，或许你的孩子在理财上一塌糊涂，或许你的父亲不知如何表达对你的爱，或许你的姐姐总是批评你而不是夸你（如果你想把他们塑造成你心目中的样子，那你会把自己逼疯）。你越是尽早接纳他们本来的样子，自己就越轻松。

你的老板之所以有授权方面的问题，与他过去的经历有关，而且他天生的性格极其复杂，除非他自己决定改变，否则他是不会变的。甚至即使他们自己迫切想改变，也做不到。你是在白费力气。如果只有在你的伴侣改变他／她对承诺的态度后你们的关系才会正常，那么恐怕你们的关系不会正常，因为对方的态度是他们身上固有的。当然，或许你可以选择改变自己对承诺的需求。但是，你能做到吗？

————————

你不能指望对方为了配合你而把自己变成另外一个人。

法则
013

|

行为是可改变的

　　这条法则紧跟上一条，如果上一条法则让你感觉有点沮丧、绝望的话，这条没准有用。的确，人们无法改变自己的性格，但可以（有时候）改变自己的行为。

　　如果你认为这是个万灵药，那可不行，因为它并不是。有时候我们无论如何也无法适应，特别是当别人要求我们以某种违反自己本性的方式来适应的时候。所以，你在读到这条法则时不要想："嗯，这还不错。我那个吹毛求疵、总是挑剔别人的姐姐会有不同表现，会住嘴的。"理论上她会的，但她可能会挣扎。她认为自己是正确的——不管出于什么原因（她的过去、基因）。她可能认为自己不过是实话实说而已，或者认为她这样做是为你好（既然这样，为什么要住嘴呢）。不过，最重要的是，即使她不再批评别人，她心里仍然想这样。这一点你是无法改变的。

　　有时候，能让一个人改变其行为就够了，你可能没必要关心这个人的本性。如果你能让老板去授权，这场仗就打赢了。不过，如果来了一个特别重要的项目，他们又恢复原样，不要惊讶，因为他们的内心深处是不可能发生改变的，以前对授权的恐惧仍然潜伏在他们心中，当面对重大利害时，这种恐惧就会卷土重来。

假设你的伴侣邋遢至极，从而导致你在厨房里什么也找不到，因为所有东西在他用过后都没有归位。或许你可以劝他说，如果他能稍微表现得整洁一点（即便这有违他的本性），你们之间就会少些争吵。他可能会挣扎，如果他很忙，或是压力很大，或是在烹制什么复杂的食物，可能更难满足你的要求。不过，他可能还是会有所改变。

你可能已经在这一切中发现了一线生机。你周围的人都是其经历的产物，当他们改变了自己的行为后，就会拥有与之相匹配的新的经历。你的伴侣会知道在整洁、井井有条的厨房里做饭是什么感觉，你的老板会知道卸下自己肩头的一些担子是什么感受。长此以往，这就会对他们的性格产生影响。这可能让他们体会到秩序感或放松下来的好处。这些在过去可能会让他们感到恐惧，但现在，他们领悟到这样也挺好，甚至对他们大有裨益。

当然，他们也可能领悟不到。某些事可能会加深你的老板对授权的恐惧感，他可能会变本加厉，而不是有所改善。同理，你的伴侣也可能会重新产生以前一直厌恶的那种被限制、被束缚的感觉。不能假设行为的改变会导致性格的改变。不过，如果这一点没用，那你做的其他的努力也没用（也许你可以试着改变自己的行为，让自己更宽容）。

———————

有时候，能让一个人改变其行为就够了。

法则
014

别人的关系是个谜

对，是这样。表面看来，他人（可能也包括你自己）的关系有的很奇怪，有的很美妙，总之很难描述。有些关系看起来很幸福，但实际不然，甚至存在虐待行为；有些最令人担忧的关系其实可能刚好让双方各取所需。即使这样也令人担忧——有些人在情感上需要的东西可能并不符合其最大利益。所以，无论别人的关系在你眼中是什么样的，你其实根本不知道人家在你看不到的时候发生了什么，即使他们双方中有一方会对你透露心事。

让我来给你简单地举几个例子，所有这些例子都来自我认识的夫妻：

- 他们从不拌嘴，看起来很幸福。不过，夫妻双方都讨厌冲突，所以隐藏了一大堆未解决的问题，他们不知道该如何解决。
- 他们时常争吵，不过都是很有激情的人，喜欢表达自己的感受，也喜欢在争吵后和好。他们在一起其实很幸福。

- 他们时常争吵，一方觉得这没问题，另一方却极不快乐。每当他们提起这个话题，就会再次争吵。

- 一方控制欲非常强。另一方比较顺从，不过很享受能完全依赖伴侣的感觉。

- 一方时常抱怨另一方没用。可是，当另一方努力做贡献时，抱怨的一方就会唠叨、批评，抱怨对方多没用。

这些例子肯定都微乎其微，而且太过简化，因为每一对关系都是独特的。不过，我想表达的观点却是相同的，那就是，不要试图去评判别人的关系。

这个观点也适用于伴侣之外的关系，最明显的例子便是父母与成年子女的关系。注意，这种关系不太一样，因为你一辈子都和你的父母 / 子女在一起（除非你采取非常激烈的手段跟他们彻底断绝关系）。不过有些伴侣也会一辈子在一起，无论怎样都不分开。

听着，每对关系都需要有两个人。关系是两个人共同创造出来的东西。在一对关系中，我们可能会很幸福，也可能选择逆来顺受或咄咄逼人。不过，在某个时间点上，这样的选择是适用于我们的，否则我们也就不会做出这个选择。当你想了解你的两个朋友在一起时可能在做什么时，只需记住这一点。

顺便提一下，如果你和父亲或母亲的关系不好，在你们相处的头几十年，情况极有可能对他们有利（有些不公平）。不过，即便如此，你的反应也不会完全和你的兄弟姐妹一样。事实上，你有可能做出截然不同的反应。不知怎的，到现在为止你们已经找到一种共存的方式，如果这个方式不是你想要的，你想做出改变，就得采取积极的行动。

———————

每一对关系都是独特的。

法则
015

———

说大话是为了镇住你

　　你是否发现某些既聪明又自信的人讲话时爱卖弄？这些人能接纳真正的自己，因此并不想证明什么。他们给人的印象几乎总是平易近人、易于交谈、易于理解，因为他们不需要为了向别人证明自己而在不经意间设置一些障碍。

　　如果你看到有人试图以某种方式镇住你，那就明显说明他没有安全感，想对此进行弥补。这种人认为，如果显现出自己的真实面目，你就会对其评头论足，所以他们就会格外用力地将自己隐藏起来。比如，那些对自己的贫寒家境耿耿于怀的人一旦有了钱，往往就会通过炫耀来证明自己不穷。他们对自己的家境介怀，而且以为你会因此看不起他们。其实你可能根本不在乎他们的出身，可这就是他们的看法。别人可能会为自力更生、白手起家而自豪，可这个人却对自己的出身感到有点羞耻。

　　这方面还有一个很好的例子：有些人在讲话时爱说大话和使用长句以显示自己受过良好的教育、博学多才。他们认为，如果你看出他们的教育程度不高，就会瞧不起他们。他们以为用一些绕来绕去的句子和复杂的词语就能骗过你，让你以为他们很聪明，或者让他们以为自己其实比他们想象的还聪明。瞧，又是他们自己的想法，跟你对他们的真实看法完全无关。

其实我们很少通过一个人的语言来评判他，即使这样做，我们看的也是其语言的清晰度，而不是能否使语言过度复杂化。所以，一个无须证明什么的人根本不会想方设法去镇住别人（他们不需要）。那些爱说大话的人可能以为镇住了我们，其实只是镇住了他们自己而已。

很遗憾，因为如果有些人真的家境贫寒或很不幸、没受过什么教育，那么他们就值得我们施以同情和关爱。可我这里谈到的这些人却以为我们会苛刻地评判他们，即使我们绝不会这样做。所以，如果你下次碰到这种竭力想镇住别人的人，你要知道这是一种病态，我们应该对其持宽容态度，并了解其背后的原因。

————————

无须证明什么的人根本不会想方设法去镇住别人
（他们不需要）。

法则
016

冲突很吓人

没必要发生直接冲突。事实上，只要你们双方都表现得像个成年人，就根本不会有任何冲突。

有些人一提起那些让他们不开心的事就会感到特别焦虑，因此宁愿让问题遗留下来，而不去解决它。这是个安全的做法，对不对？至少这样就没有激烈争吵的风险了。他们害怕一旦谈论问题，对方就会摔门而去，这会伤害双方的感情，也会把气氛搞得很紧张。

我记得有个朋友曾心烦意乱地给我讲了她的家人因为大型家庭聚会而争吵的事，这件事让她很难过。她发现大家对该出去吃饭还是在家里吃饭意见不一（谁都不想做饭，可并不是每个人都有钱出去吃）。不过，她什么都没说，因为她不想挑起争论。后来她的哥哥发现她早就意识到这个问题，却对此沉默不言。他对她大发雷霆。

具有讽刺意味的是，如果我这位朋友并不惧怕冲突，而是直截了当地提起这个问题，这件事就可以得到讨论，也就不会发生冲突了。有些人总是把避免冲突放在首位，但正因为这样，他们有时会不经意间制造更大的冲突。或许他们有时候也会彻底避免发生任何争吵，但通常都要付出代价。如果有个问题需要得到解决，可你不去解决，它就会一直在那里，悬而未决。

　　你要清楚身边哪些同事、家人、朋友宁愿把烦恼、担忧都封存起来，也不愿将其说出，就是因为担心你会生气。也许你有点爱大发雷霆，也许他们的担心是多余的，其实你并不是这种人。现在他们是否该担心已经不太重要了。你的问题是，如果他们不告诉你，你就不会知道是什么让他们烦恼（反之亦然）。在这个问题没解决之前，他们不会像你希望的那样放松、信任你、诚实。

　　我希望到现在你已经明白这个道理了。是的，你必须自己提起这个话题。不过这是件棘手的事情，因为你并不知道他们为什么而烦恼。再者，如果你看上去有一点点愤怒，他们就会闭上嘴巴。不过别担心，这里有一个经典且有用的方法。

　　要知道，这个问题是你们共有的问题。所以，你要去跟他们谈论你的问题，告诉他们："当你这样做的时候，我感觉……"比如，"当你安静下来，我就感觉你在跟我生气。""当你不告诉我发生了什么的时候，我就感觉你不信任我。"这个方法很适合开启对话，它中立、理性、不针对个人、不引发争论，它表明你对吵架不感兴趣，只想把问题弄得水落石出。记住，这也是对方的问题，他们也想解决它。现在你已经给了他们一种解决方式，那么你们的谈话就会友好而富有成效。谁知道呢，没准慢慢地他们也学会了如何向你主动提问。

_____

如果有个问题需要得到解决，可你不去解决，
它就会一直在那里，悬而未决。

法则
017

紧张是因为在乎

什么让你焦虑？发表重要演讲？新工作刚刚入职？等着跑到球场上参加一场重要的比赛？跟某人开启艰难的对话？参加考试（或是拿到分数）？

当你真正感到紧张的时候，你会发抖、出汗、费劲地组织语言，你的心跳会加速，你会感觉自己很虚弱。而且，你的脑袋里会充斥着各种喧嚣的想法，其中最突出的是哪里会出错以及如果出错会多可怕。你会想象出各种令人感到难堪的场景或灾难性的场景。

一旦出错，后果不堪设想，对吧？我的意思是，你对此非常介意。这就是你感觉紧张的原因。看起来显而易见，可你也许根本没考虑紧张的原因，因为你正忙着想尽办法让自己平静下来，不去想失败。

假设你即将参加一场考试。你并不在乎这场考试，之所以来参加，是因为别人对你说必须要考。其实你对这个科目并不感兴趣，你也不需要为了做任何对你重要的事而通过这场考试。你懒得学习，因为你并不关心会发生什么（整个练习都毫无意义）。你会为参加这场考试感到紧张吗？当然不会，因为你不在乎。

所以，如果你遇到一个看起来特别紧张的人，只需记住，表现出色对他们非常重要。无论是运动队的某个新成员，还是一位即将发表演讲的同事，或是某个请求你提供帮助或建议的人，他们的紧张状态都表明：他们在乎。这是好事，表明他们诚实、有驱动力、想成功。

所以，你要保持敏感，学会宽慰他人，要善良。不要告诉他们别紧张（他们只会担心让你失望，或是更紧张），要帮助他们克服紧张，教他们如何才能达到自己的目的，告诉他们你很高兴看到他们紧张，因为这表明他们在乎。

克服紧张的最佳方法是提升自信。要想自信，你必须知道自己在做什么。如果你在踏上球场时知道自己是全场最佳球员，或者上台时相信自己就算在睡梦中也能发表演讲，或者参加考试时知道自己复习得极其充分，那么你的紧张感就会大幅减少。所以，如果你周围的某个人看起来很焦虑，你可以提醒他已经准备得很充分，或者你可以与他一起演习一下，或者安慰他并告诉他人们并不指望他能在上班第一天就知道如何做这个工作。

你要保持敏感，学会宽慰他人，要善良。

法则
018

愤怒的人是悲伤的

　　我认识一个人，每当他感觉到别人轻视他，就会愤怒。他会跟我说发生的某事让他感觉很糟糕，他会说"我感到很郁闷，很愤怒""我感到很难过，很愤怒""我感到受伤了，很愤怒"或"我感觉很尴尬，很愤怒"。不管有什么别的情绪，他总是会愤怒。愤怒似乎是他的默认设置。

　　有些人就是爱愤怒。我们所有人都会不时地闪现出愤怒的情绪，可有些人似乎大部分时间都是在愤怒中度过的。他们一直在酝酿愤怒，不一会儿就会再次爆发出来。

　　想一想你在愤怒时的感受。你变得很吓人，所以，这至少在某种程度上让你感觉自己更强大。这是一个积极的驱动行为，而非被动的行为。这就是了解愤怒的人的关键。他们的愤怒掩盖了某种令其感觉虚弱无助的情绪。他们讨厌那种感觉，于是便用一种能使其感觉强大、有控制力的反应——愤怒——来掩饰它。

　　我们都干过这事。你的孩子们看也不看便跑着穿过马路，差点被汽车撞到。你把他们紧紧抱住，然后就开始本能地冲他们发火。你内心的真正感受是恐惧，⊖可这种情绪让你感觉太无助了，让你无法忍受，于是你便用愤怒掩盖它，这让你感觉强大起来，有了控制力。这很好懂。

一般而言，易愤怒的人大部分时候都会这样做，而不是偶尔为之。我无法向你解释为何有些脆弱的人会以这种方式应对，而其他人却不会（每个人都不同，决定某个人作何反应的因素有无数种）。比如，很多男人小时候都被告知"大男孩不哭"，他们就找到了一种不那么脆弱的方式来表达自己的悲伤。我能告诉你的是，愤怒的人是悲伤的——或是受伤、害怕、羞愧，所有这些都很悲伤的状态。

我们还需知道，那些让一个人在某种程度上感到无力应对的情况会引发他的愤怒。如果一个人感觉受到轻视、尴尬，或者认为自己被忽视，或者害怕失败或惩罚，他们就会通过发泄来重新获得力量感和控制力。

对于那个处于盛怒之下的朋友、亲戚、同事，我们能做的可能微乎其微，其愤怒的根源可能要追溯到很久以前。不过，只要理解他们在某种程度上很悲伤就行，这就有可能帮助你更好地与他们相处。你或许并不觉得他们可怜，但可能还是应该可怜他们。

————————

这是一个积极的驱动行为，而非被动的行为。

————————

⊖ 在这种情况下，我的一个孩子喜欢将其称为"后知后觉的担忧"。

法则
019

|

人们并不总是因为悲伤而哭泣

　　这条法则与上一条法则正相反。第 18 条法则在男性中更常见，而这条则更常见于女性。

　　像你想的那样，很多人因为悲伤而哭泣，但对有些人来说，悲伤并不是他们哭泣的唯一原因。无论如何，哭泣是一种万能的情绪表达方式（毕竟，当我们如释重负、欣喜若狂、大笑或爱得很强烈时，也会哭泣）。当然，一般来说，如果有人哭泣，你可以认为这是在表达一种负面情绪，只是并不一定是悲伤。

　　一个常见的例子是，有些女性从小接受的教育让她们感觉发火的行为在某种程度上不够淑女（不，我也没明白）。不过，如果你从小就被灌输这个观点，那么学会在感到愤怒时哭泣也就不足为奇了（因为"不允许"女孩愤怒）。

　　难怪这种反应通常会一直伴随你到成年。所以，明白了吧，如果某个人在你面前抽泣或表现出一副悲伤的样子（而你并不知道他们其实感受到的是愤怒），那么如果你安慰说"哦……好了，别哭了",并同情地哀叹几声,对方可能并不感激你,因为没人在感到愤怒时想听到这个。如果别人难过时你表现出同情,可是对方的反应并不符合你的预期,那你就要考虑一下是否同情错了,对方的情绪会不会是另一种。

人们并不仅仅用哭泣和愤怒来掩盖其他情绪。说实话,要想读懂他人的情绪并不容易,这相当令人困惑,尤其是如果你对他们并不是特别了解的话。我们可能会直接表达情绪,但有时候也会绕弯子,这时别人便很难读懂我们的情绪并对其做出正确回应。

另一个突出的例子是,有些人会用幽默来掩盖恐惧或尴尬。有时最好不要去回应(他们显然想掩藏自己的感受,所以为何要关注他们并令其更尴尬呢),不过有时候他们可能真想得到帮助,比如在他们感受到了真实的、深深的恐惧的时候。

所以,道理就是,不要以为你看到的情绪就是真实的。有可能是真的,但是如果其他因素不符合,就要思考是否有什么更微妙的情况。如果你想帮助对方,就要弄清问题的真正根源。最简单的方法或许就是直接问对方发生了什么。

――――――

不要以为你看到的情绪就是真实的。

法则
020

有些人做事就是马马虎虎

我记得有个同事曾经认为自己应该受邀参加某次会议，可名单上却没有他。他感到受了很深的伤害，非常难过。他担忧了好久，对自己为何被漏掉百思不解，可又不愿去问主席，因为他不想让主席觉得他爱耍小性、不自信。我们都让他不要担心，可他还是把自己搞得忧心忡忡。不管怎样，会议召开了，大约五分钟后，主席问我们他为什么没来。我们解释说他不在出席会议人员之列。当然，事后主席发现，是因为某个技术上的原因，才导致他未出现在电子邮件群发组中，只是主席当时没注意到。

我的同事一直对自己为何未被邀请参加会议感到烦恼，但有件事他从未考虑过，那就是这只不过是一次意外。他以为主席对于要邀请谁进行了深思熟虑，可事实上她根本想都没想。更可笑的是，他也根本没想到这个可能性。

这种事情发生的概率让人吃惊。这条法则名为"有些人做事就是马马虎虎"，但在某些方面我可以称之为"我们有时都会马马虎虎"。这可能不太符合语法规范，可是却更准确，因为我们都会时不时地干这种事。你有多少次发现自己差点遗漏了某人？你又有多少次在订好了聚会日期后却将你的一个好朋友告诉过你那天他来不了的事忘到九霄云外？这种事情很容易发生。当我们遇到事情时，它往往是我们最后才能想到的解释。

有时候这不算什么，不过是出现了一个可以理解的错误，产生了未曾预料到的后果，就像我那位同事所经历的那样。有时候我们称之为"欠考虑"（换句话说，当事人本该考虑周到，确保将事情做得稳妥，但他没做到，导致最后出了问题）。

即便如此，这也是无心之举，虽然欠考虑，但却没有恶意。

我曾经给一个人做了一个生日蛋糕，但我完全忘了他对麸质不耐受。太蠢了，我真该踢自己几脚。最糟糕的是，由于某种原因，他认为我是故意这样做的，因此很难过。我花了好长时间跟他解释我只是没想到这一点。他最后相信了我，可我还是对自己很生气，因为我觉得我本该记得的。

当你试图理解某个人所做的某件似乎没道理的事情背后的动机时，一定要考虑这个可能性：他们只是马虎。这比被有意冷落、冒犯、排斥、激怒或烦扰要容易接受得多，而且这往往就是真相。

————————

虽然欠考虑，但却没有恶意。

法则
021

什么螺丝配什么螺母

我曾经与一位智者共事。他认为，在工作方面，世界上几乎所有人可以分成两类：要么喜欢项目型工作，要么喜欢常规型工作，这取决于个人偏好。就个人而言，我喜欢项目型工作。我之所以写书，就是因为这点。我喜欢从头至尾完成一件事，然后再重新开始另一件事。我曾经在几家公司工作过，在那里，我建立了一些部门，然后就转头干别的工作了。如果日复一日地干同一件事，我就会厌倦、沮丧。至少，我是这样看的。

当然，有些人则喜欢那些一成不变、令他们有安全感的工作（偶尔会得到晋升），他们能在细节中看到我看不到的多样性（因为我总是急着去做下一件事情）。这两种工作世界上都有，而且很多，每个级别都有，从应届毕业生到高级管理层。这两种人世界都需要。

奇怪的是，我从未听到职业顾问跟人谈这个。不过，如果你本是一个项目型的人，却申请了一份常规性工作，或者反过来，那么你在做这份工作时并不会真的开心。应该有更多人向青少年和所有寻求新职业的人指出这一点。

这只不过是"什么螺丝配什么螺母"的一个例子。生活中还有很多其他行业，有的人最终选择了这些行业，努力想套上并不适合自己的"螺母"。有些父母根本就不适合整天待在家里陪孩子。有些管理者组织能力很强，但却不擅长做领导。有些人很喜欢独自工作，而有些人则需要进行很多人际交往。

依我看，别白费功夫了。当然，我特别支持人们学着调整自己的行为，如果这样做有帮助的话。

可是这与行为无关，而是与我们内在性格中的一些深层次的东西有关，是无法改变的。所以，不要要求套在圆螺母中的方螺丝变圆。无论是你那个没有语言学习天赋的孩子、你那个如果在接下来的 18 年不工作就会不开心的伴侣、你那个对常规型工作感到厌烦的团队成员，还是你那个讨厌在大机构工作的特立独行的朋友，他们都有两种选择：要么过得不开心，要么去找一个适合他们的漂亮的"方螺丝"，在里面舒舒服服地待着。

有些人几十年来都在盘算着从圆螺母中逃出来，有些人则无所谓。不过，唯一行之有效的解决办法是换一个合适的螺母。如果你周围有人套错了螺母并卡在里面，你得意识到。或许你的孩子能学好德语或汉语（如果他们付出一点努力的话），可是，也许语言根本不是他们擅长的事情；或许你的伴侣愿意待在家里带孩子（如果他们有时间搞自己的业余爱好并将其作为副业的话），可是也许只有一份拿薪水的工作才能让他们开心。认真倾听他们诉说，跟他们讨论清楚，并准备好接受他们并不适合干某件事的可能性。

所以，要抵制诱惑，千万别要求你的伴侣、孩子、同事或朋友（方螺丝）改变形状，要接受这一点：他们无力改变。接下来你就要支持他们寻找漂亮的"方螺母"，并把自己舒舒服服地拧进去。

唯一行之有效的解决办法是换一个合适的螺母。

狂放、疯癫并不总是有趣

　　有些人过着狂放的生活。这里的"狂放"不仅仅指有趣，很多时候甚至根本不是有趣的意思。他们总是出去狂欢，然后便发生各种故事（如果他们还能记得什么的话）——他们会干很多疯狂的事，会烂醉如泥，还会生病。可是，你是否注意到，有时他们身上有一种绝望的气息，就好像他们要向自己证明他们的生活多美妙？他们之所以编故事，是为了自己，而不是为了你。他们要创造一个让自己可以相信的关于自己生活的神话。

　　有些人一生都在醉醺醺、飘飘然中度过，这其实并没有什么乐趣。那种混乱、那些宿醉、那些酒后的争吵……其实听起来没什么了不起，对吧？

　　不过，我的意思并不是你永远不能稍稍放松一下自己。你当然可以每隔一段时间放纵一下，这对你有好处，可是凡事都要适度，对吧？不过有些人似乎根本不明白物极必反的道理。或者，也有可能这些人其实是明白这个道理的，只是不想听。很多人之所以有这种行为，是因为想努力把注意力从自己无法应对的生活或自身的某部分转移开。他们可能看起来很粗野、吵闹（甚至很有趣），可他们的内心却很迷茫、脆弱。

这意味着这些人并不值得羡慕，因为你可能其实并不想成为他们。他们值得同情，而不值得赞许，因为他们正在与我们不想面对的恶魔做斗争。

想想你认识的人中有哪些人符合这种关于狂放、疯癫的描述。或许有一两个沾点边，也许他们只是某天晚上出去痛快地玩一玩（跟我们其他人相比）。但是，如果你想一想他们当中的一些人，尤其是那些最顽强、最坚定、最狂野的醉汉，就不难想到，他们总是在躲避魔鬼。他们无法停下逃避的脚步，只好享受生活，以防被魔鬼追上。于是他们狂欢、旋转、舞蹈，在放纵中寻求庇护，只是为了淹没追逐他们的魔鬼的脚步声，并忘却自己想要逃离的是什么。你可能无法为他们做什么，但可以尝试着同情他们而不是羡慕他们，不要因为他们声称自己过得很好就以为事实的确如此。

演员约翰·赫特 (John Hurt) 曾说："疯癫的行为可能看起来很有趣，但通常并非如此。它通常标志着某个人陷入深深的痛苦，因为他所寻找的是他得不到的东西。"

————

很多人之所以有这种行为，
是因为想努力把注意力从自己无法应对的生活
或自身的某部分转移开。

法则
023

退后几步，看一看全局

每个年龄阶段都有其固有的难题。有些人可以稍微轻松地度过，而有些人则觉得压力重重。

让我们以 13 岁为例。在你的记忆中，这可能⊖是一段精神错乱的时期。这个年龄的青少年的大脑会发生巨大的变化，他们的情绪会向四面八方飘散（接下来的几条法则会讲更多这方面的内容）。说实话，我们很难评估这时期的风险，也很难与他们沟通。顺便说一下，这些可不是情绪，而是确实存在的行为。

让我们看看 70 岁这个阶段。所有到了这个年龄还形单影只的人（其实也包括很多有伴侣的）都可能会有孤独感觉，除非他们能找到某种办法来排遣孤独。人类天生就会把自己无私的爱更多地给予下一代而非上一代，所以待你年老之时，很可能已没人重视你，甚至可能你连个亲近的人都没有。即使是最健康的 70 岁老

⊖ 我假设当你读到这条法则时，你已经 13 岁了。如果你还没到，请不要分心。

人也会有各种各样的病痛。

让我们再回头看看 2 岁这个阶段。蹒跚学步的幼童刚开始意识到自己并不是父母的延伸，而是独立的人。这让他们很困惑，于是他们开始去探索、试验，去发现一切是如何运作的。只是每当他们做此尝试时，就会有大人让他们停下。

现在让我们来看看 50 岁这个阶段。到了这个年龄段，很多人面临的是孩子离开家的问题。这很可怕。你不仅仅会想念他们，还会怀疑自己存在的意义。你不得不重新开始，可是却再也没有20 岁时所拥有的那种精力和时间了。

为什么我要告诉你这些？因为我发现，如果你忽略了背景，就很难理解人们为何做出这样或那样的行为。你得退后几步，看一看全局。有些事情我们在 20 岁时做感觉轻而易举，在 40 岁时做就会觉得多少有些困难。这并不是你所期望的，但这一切与你的余生有关。

举个例子（如果你尚未自己发现这一点），当你到了中年后，如果想长时间工作，你会觉得比 20 岁时难得多。也许正是由于这个原因，你的父母才不认同创业是自己在孩子离家后保持忙碌状态的"最佳"方式。他们也比以前更了解可能出现的问题：住房抵押贷款还差一点才还清，现在创业的话，风险更大。

同样，17 岁的孩子对于人生尚未形成你那样的看法，因此不明白离家去遥远的某个地方上大学有什么可担心的。他们觉得一旦习惯了新环境就好了。后来他们明白了。

所以，后退几步，在评判他人或不经意地给他人增加负担之前，考虑一下他们生活中所经历的所有压力、恐惧、焦虑和担忧。

如果你忽略了背景，
就很难理解人们为何做出这样或那样的行为。

父母是孩子的榜样

有个朋友曾经问我:"怎么才能让孩子明白'按我说的做,不是按我做的做'?"答案很简单:根本做不到。孩子就是会有样学样。父母对此无计可施。

如果你想让孩子做什么,为什么不自己先做呢?无论是讲卫生、懂礼貌、吃蔬菜、吃饭时把手机收起来、生病时不哼唧、把前门钥匙放在能找到的地方还是别的什么,如果你都做不到,凭什么认为孩子能做到呢?要么就自己给他们做榜样,要么就忍受孩子做出像你一样的行为。

当然,如果孩子把面包屑撒到黄油上(你这一天刚好没撒),这很让人恼火,不过他们所模仿的行为有些比这糟糕。现在,我的孩子正处于青春期(说真的,我觉得他们永远处于青春期),我的很多朋友的孩子也是如此。让我吃惊的是,那些抱怨孩子冲自己大喊大叫的父母,正是那些对孩子大喊大叫的人。

天哪,吼孩子简直太有诱惑力了。多年以来,这已经成为一些父母的一种习惯。当然，孩子也会冲父母吼叫，等他们到了十几岁时，会比父母还会吼，因为他们更有力气了。不过，等到那个时候父母再想改掉孩子吼叫的习惯，就太晚了。很难，尤其对于那些被爱吼叫的父母带大的孩子。但是，要想不让吼叫代代相传，唯一的办法就是要学会停止吼叫。

注意，父母还会在其他方面成为孩子的榜样——很多方面。那些总是开快车或边开车边发信息的父母会发现，孩子觉得这些做法很正常，于是他们也这样做。

有些父母自己本身就挑食，可是却抱怨孩子在吃饭时挑三拣四；有些父母多年来一直唠叨自己的体重超重以及接下来要有什么饮食计划，结果发现他们的孩子到了十几岁后也开始养成一些令人担忧的饮食习惯。

人无完人。即使实践了几十年，我还是搞错了。我怎么会蠢到认为我的孩子不会效仿我大声跟别人说话的习惯呢？我根本没有认真思考过这个问题，否则我会认识到自己有多愚蠢，并且停止这些愚蠢的行为。

最大的挑战来了：作为父母，你必须认识到自己的缺点，并能控制住它们，否则就是在白费口舌。

如果你想让孩子做什么，
为什么不自己先做呢？

法则
025

责任造就独立

如果我们想培养出适应能力强的孩子，就要掌握一些关于孩子如何行事的原则。如果不了解发生了什么，父母就无法达到目的。父母的任务是确保孩子在 18 岁后能够独立生活。即使为形势所迫，孩子还得跟父母一起住上一段时间，他们也应该以独立的方式生活。我是说，他们应该自己洗衣服和理财。当父母离家去度假或去什么地方时，孩子能够自己排遣孤独。

那么是什么让一个人独立的呢？这与为自己负责有关。不能为了自己能正常生活而把担忧、做决定、脏衣服都甩给别人，不能有这种想法。所以，培养出一个独立的成年人的方法就是让他们承担责任。不要等到他们 17 岁时才匆匆忙忙地把责任一股脑地抛给他们，父母要从孩子很小的时候就慢慢做起。

就连一个正在蹒跚学步的小宝宝都可以选择某天穿什么衣服（你可以掌控他们的选择）。6 岁的幼童已经能决定出门时是否需要穿外套。父母应该告诉孩子，从现在开始，他们要自己决定外出时是否穿外套，这样的话，等他们晚上感觉冷时第二天就会选择穿上外套。父母可以提醒孩子考虑一下（"你觉得今天是不是可能需要穿件外套?"），不过最后的选择要由他们自己做出。如果父母总是告诉孩子何时该穿外套，孩子怎么能学会如何做出选择?

等孩子十几岁了，父母可以尝试帮助孩子理财（比如，不要帮他们买衣服，给他们零花钱让他们自己去买）。孩子就会慢慢明白，如果把钱都花在买聚会穿的衣服上，其他时候就没衣服穿了。如果他们犯了这个错，父母不要再给他们买衣服。在下次给他们零花钱之前，要让他们承担后果，为自己做的事负责。那他们能学到什么呢?

孩子在进入高年级后就应该自己制定时间表了。该做多少家庭作业、何时做都应该是他们的责任。这可能很让家长担忧，因为这意味着孩子可能无法取得父母为他们安排学习进度时所能取得的成绩。可是，我们谈的是孩子的成绩，不是父母的。考得好是孩子的事情，考得不好也是他们的事情。他们要为此承担后果。否则他们能学到什么呢?

如果你和我一样，有好几个孩子，这就更容易做到。很简单，因为你不可能一直为这么多人做决定，你的时间不够。最难的是只有一个或两个孩子。我的一个朋友有个独生子，他曾经对我说："他上大学前要休息一年，因为他还没做好离家的准备。"我含糊地附和了几声，表示同情，但内心却在喊："为什么没准备好? 过去 18 年你都做什么了? 这可是你唯一的工作!"

————————

不能为了自己能正常生活而把担忧、做决定、脏衣服甩给别人，不能有这种想法。

法则
026

青春期的孩子之所以讨厌你，
是因为爱你

有一天，我的一个正处于青春期的孩子主动走过来给我一个拥抱。当我举起手臂想回抱他时，他却说："走开！不要碰我。"这就是青春期孩子的本质。

青春期的核心是一个两难问题。一方面，处于这一时期的孩子在本能驱动之下想要独立；另一方面，他们害怕长大，希望你能永远照顾他们。

这就是为什么他们会同时希望你拥抱他们，又不希望你碰他们（他们的内心中有一半渴望得到安慰，而另一半则知道是时候独自行动了）。要想在这两股相互冲突的力量中找出一条稳定的路线几乎是不可能的，所以他们会花很多时间在两个极端之间徘徊。确实，有些青春期的孩子上一秒还在告诉你他们恨你，下一秒就趴在你的肩膀上啜泣。如果不爱你，他们根本不会这样做。他们之所以恨你，正是因为他们觉得你的爱正在把他们从长大成人的道路上拽回来，而他们知道自己必须长大。

多年来，我观察到了这样一个情况（一般没有例外，除非有其他重要力量在起作用）：那些觉得青春期很艰难的孩子往往有非常强烈的独立意识，但也极其没安全感。他们在这两个极端之间徘徊。而那些觉得青春期整体很好过的孩子往往有强烈的安全感，非常自信，因为他们不急于独立。

当然，大多数青少年处于这两个极端之间，不过你应该已经明白了这个道理。所以，如果你是家长，就要尽可能地帮助你的孩子变得独立。他们越早掌握成人的技能和习惯，就会越早认识到成为一个成年人根本没那么可怕，他们可以做到。这就是为什么你必须停止为孩子做决定、照顾他们、为他们提供衣服和钱、安排他们的时间。当然，这不是一蹴而就的（你需要慢慢退出），从孩子2岁左右就要开始。

长大成人在情感上是很艰难的（无论你从小到大帮他们练习了多少），所以孩子偶尔会突然需要一个拥抱。在这之后，他们会再对你咆哮或发脾气，让你知道在他们的生活中你成了阻碍（尽管再过5分钟，他们就会向你要钱、求搭车、让你帮着做作业、让你帮着找袜子、允许在家开派对）。

一旦孩子觉得自己已经成功地进入了成年，你们双方就可以再心照不宣地拥抱了。但首先你可能要经历这样几年：在这期间，你根本不知道他们的心情从这一刻到下一刻会如何变化，他们也不知道。

————————

长大成人在情感上是很艰难的。

法则
027

重要的是孩子愿意跟你谈

青少年会在成长的恐惧和依赖你的诱惑之间反复撕扯，但他们知道自己别无选择，注定要长大成人。所以（仔细听，因为这一点很重要），唯一能让他们应对长大成人的方法便是让他们百分之百地确定，如果他们需要你，你依然会在那里。是的，他们还可以依赖你，你并未真正将这个选择从他们身边夺走（只是这一次是他们推开了它）。安全网一直都在。

假设你 3 岁的孩子抽噎着向你诉说自己的乐高积木塌了，你会怎么做？你会表达同情，教他们如何防止其坍塌，并且帮他们重新搭好。这意味着他们能自己搭建更大、更漂亮的乐高积木，因为他们知道，如果出了什么可怕的错，你会帮他们弄好。

现在让我们快进 10 年或 12 年。我给你举个与我认识的几个孩子有关的例子。他们当中有 3 个孩子想知道吸烟是什么感觉，便决定偷偷试一下。所有大人都告诉他们这是坏事，可他们不小了，知道很多人都没出现什么明显的不良反应，所以他们不能确定大人跟他们讲的是不是真话，便决定自己去查明。他们想方设法搞到了香烟，并在某个晚上尝试吸烟。结果他们咳嗽得很厉害，于是决定再也不碰了。

不过，身为青春期的孩子，他们又忍不住在学校稍稍吹嘘了一番。于是有人告诉了老师，老师又告诉了家长。现在假设你就是这些家长之一，你会怎么做？（记住我之前告诉你很重要的那一点。）我可以告诉你三位家长分别作何反应，如果这有用的话。他们的处理方式都各不相同：

一位家长冲孩子喊叫，说她太让人失望，让他们感到特别恶心。她最终去上床睡觉了，可是第二天凌晨六点又被家长喊起来数落她多让人失望。

一位家长很生气，禁止孩子再去朋友家玩。

一位家长跟孩子讲了吸烟的坏处，并与他们讨论这次事件。他并没发火，也没对孩子施行任何制裁。

那么，这些孩子中的哪一个知道父母还像以前一样是他们的依靠？哪一个知道长大成人很可怕，我们都会犯错，但父母还会在那里帮助他们？这些孩子中的哪一个在下一次犯事且自己解决不了时还会告诉父母？

一旦孩子到了十五六岁，你就应该抓住一切机会向他们灌输各种道理。长大成人这件事得他们自己来做，哪怕会犯错。你能做的唯一有用的事便是确保他们在出了差错时会跟你谈。

长大成人这件事得他们自己来做，哪怕会犯错。

|

倾听很重要

是的，我知道我刚刚说过交谈很重要，现在又说倾听很重要。不要吹毛求疵！不管怎么说，你自己不也是一直在倾听吗？我们刚刚明确了一点：从表面上看，青少年是一个矛盾集合体，但在内心深处，他们其实还是可以被理解的。所以，现在我再加一点：交谈和倾听都重要。我希望你能认识到，这条法则不仅对青少年有用，对任何人都适用。

说真的，有时候家长和青少年没有区别，都以为自己无所不知。家长自己也是从青少年时期过来的，并从那时起学到了一些孩子所不能理解的东西，能看到全局（对，他们很自信，认为自己能告诉孩子问题出在哪里、该做什么才能立身处世）。

但这种想法并不对。你的孩子跟你不一样，跟任何人都不一样。他们的成长环境与你的成长环境完全不同。他们有自己独特的计划、梦想、力量、恐惧与希望。除了从他们身上收集到的那些少得可怜的信息片段，你不知道他们从哪里来，到哪里去。

要想理解孩子，你唯一的希望便是听他们跟你说什么。我并不是说让你停下来，不管他们说什么，都要听他们诉说完再继续干自己的事。这可不行。你要全神贯注，并尽量理解他们。如果他们的感受对你来说没有意义，这不意味着他们没有感受，而是意味着你并未尽力理解他们，所以你需要再加把劲。

如果孩子看到你努力地从他们的视角看问题，他们就会帮助你。

或许不是每一次都这样（他们很忙，要留时间睡懒觉，而且有些时候他们就是不愿意表达自己），不过他们想让你用他们的方式看问题，所以总的来说会向你解释自己怎么了，前提是你可以倾听，并且善解人意。如果孩子知道不管自己说什么，你都会回到那些老生常谈的话题上（喋喋不休地说他们该努力工作，或者要能自己养活自己，或者他们太年轻了还不懂，或者要懂礼貌，或者早睡多么重要），那么为何还要费心地谈自己呢？如果你根本听不进去，他们为什么要白费口舌呢？

所以，你要尽力想象孩子是什么样的，而不是想象如果自己处于他们的位置会怎么做。你问的问题要表明你真的想弄清他们的观点。你无须同意他们所说的一切，或者放弃所有他们不喜欢的法则，但要理解他们为何会反对这些法则。其实，也许他们说的对，也许有妥协的余地，也许他们能遵守某条法则，不过，作为交换，你要允许他们有另一种自由。

在上一条法则中，第三位家长并未扮演强硬的执法人的角色，因为他在倾听。他知道青少年可能想自己去探索世界，而不是仅仅表面上接受成年人的看法。他认识到（因为在倾听），孩子已经明白了，不会再想做这件事。正是基于这一点，他知道无须去斥责或惩罚孩子。

———————

听他们跟你说什么。我并不是说让你停下来，
不管他们说什么，都要听他们诉说完
再继续干自己的事。

法则
029

没人喜欢说对不起

　　我有两个朋友，他们因为一件小事闹翻了，用了几个月时间才和好。原因很简单：他俩都坚持让另一个人先道歉，谁都不想丢面子，尤其是当他们感觉该道歉的是对方的时候。既然躲不开对方，总会见面，那么时间一长，他俩便谦和起来，最终一切又恢复正常（他们并没有真正讨论过闹翻的事情），因为其实他俩都挺喜欢对方。他们只是在说"对不起"这件事上浪费了几个月的时间。

　　瞧，其实，闹翻了之后对方会不会说"对不起"并不重要，重要的是他们的感受和行动。就个人而言，我不喜欢让孩子惹祸后彼此说对不起。这种做法毫无意义。我喜欢帮助孩子感受到愧疚，而不仅仅说"对不起"。

　　我的一个孩子曾经因为故意不说"对不起"而被老师斥责。他告诉我："不是这样的！我非常真诚地道歉了，就像我如果真的觉得对不起时会说的那样。"看到了吧？那个老师没取得任何成果。不过，如果她能让我的孩子坐下来解释为什么他的行为让他的朋友难过，他可能就会真正地感到后悔。

重要的并不是"对不起"这个词。如果你和同事、朋友、伴侣闹翻了，要让他们清楚地表达出悔意以挽回面子，而不是强迫他们说"对不起"，这会让对方感到受羞辱。他们对你真切的关心和想重归于好的愿望肯定比"对不起"这个词更重要。

当你来上班的时候，如果有人努力冲你微笑，并对你说"早上好"，他就在以这种方式告诉你，他不希望你们之间有不愉快。或许（在某些时候）你可能想进行一次友好的交谈，来聊一聊你为何感到难过，以及如何能避免这种情况再次发生。那个友善的微笑是为了让你知道，如果你这样做，对方是接受的。

其实，他们或许感觉自己才是受害方，觉得你应该为你的行为道歉。不过，那个微笑是在告诉你，他们准备忽略这个。也许那个微笑就是在表达"对不起"，以及他们原谅了你。你要做到的便是回以微笑，用这个向对方道歉，那么整个事情其实就解决了，不需要再有人说"对不起"。当然，你们也可以像两个淘气的孩子一样互相咕哝一句"对不起"。哪个方法对你来说更有意义？

虽然说了这么多，但如果你认为怎么看都是你的问题，而且你的年龄也足够大，那么就尽管说"对不起"好了。

————————

闹翻了之后对方会不会说"对不起"并不重要，
重要的是他们的感受和行动。

法则
030

到处都有叛逆者

　　我上学时有个朋友，他在被老师吼叫时总是表现出惊人的抗压能力。不得不说，我不像有些人那样介意被老师骂，可这个家伙完全不受任何影响，这一点连我都佩服。我和他一同上了几年学。记得有一次我听说他在某堂课上（我不在）被老师狠狠地训了一顿。于是我向他询问事情的缘由，他却跟我说他也不知道。我指出，他肯定多少知道老师为何大发雷霆，哪怕是从老师吼叫的那些话中也能听出来。他看起来很惊讶，对我说（就好像我本应该知道似的）："我不知道他在说什么，我根本没听。"我没料到他会这样说，就让他解释一下。他的回答是这样的："老师跟我发火时我从不听。如果我听了，我脑袋里那个小声音就会让我跟老师对着干，他不让我做什么我就偏做什么。这可绝不会是个好念头。于是我干脆不听。要是我不知道老师不想让我干什么，就不会做了。"

　　他这个做法太聪明了，我听了很高兴，从那以后我偶尔也会采取这个做法，只是会做各种改动。因为我和他很像，我脑袋里也有个小声音在告诉我，无论别人让我做什么，我都要反抗。很多人都这样，不过我怀疑我们还是少数派。有些人在听到别人指挥他们该做什么时，会很感激对方的指引，或者会接受指令、听从指示，而有些人却觉得很难按别人说的做。

你要识别周围的人中谁是隐藏的叛逆者，因为如果你直接告诉这些人怎么做，只会适得其反。如果你是他们的老板，就可能遇到安静的反抗，他们可能会按自己的方式而非你的方式来做事情。如果你是他们的父母、伴侣或朋友，他们的反抗可能会比这更激烈。

这时你有两种选择。一种是利用他们的逆反心理（这对小孩尤其有效），禁止他们做那些你想让他们做的事，那么大家都会很开心。只是事后不要让他们知道你操纵了他们，否则他们会大为光火（而且这个伎俩也不会再起作用）。

另一种选择是不给他们任何指令，除非万不得已。实际上，如果可能的话，要让他们知道，你并不想以任何方式控制或指挥他们。告诉他们必须设定的标准，然后就让他们用自己的方式来做："这个研究需要在本周五前完成。我特别想知道竞争对手在这方面的情况。我相信你们一定能找出最佳办法，所以如果你们需要我做什么，尽管开口。"

应对叛逆者的法则是：你给他们可反抗的东西越少，他们就越不会叛逆。实际上，不仅如此，他们还会感激你允许他们按自己的方式来做事情。

————————

直接告诉这些人怎么做，只会适得其反。

法则
031

有些怪人很了不起

作为社会性物种，我们都很传统。我们喜欢自己了解的东西（当然如此），这让我们感觉很安全。这既适用于人，也适用于一些情境。你可以从一个人的穿着、言语、行为、发型中看出很多东西。当你新认识某个人时，几乎立刻就能把他归类。你能看出他是什么类型的人。

因此，当你遇到一个让你无法归类的人时，就会感觉很不安。有的人很与众不同，这种感觉一点也不安全。从很多方面看，如果可能的话，最简单的办法就是避开他们，特别是下面这种情形：他们不仅看起来很奇怪，而且似乎遵循不同的社会规则（他们不知道该站在哪里、什么时候说话或者如何称呼别人，而这些都是不言而喻的）。有趣的是，这一切都与融入他人有关。

如果你去的地方每个人都这样，那你就可以接受了，因为这种与众不同就是规范，是意料之中的。这时那些怪人也就根本算不上怪人了。我曾经在英格兰西南部的格拉斯顿伯里住过，那是嬉皮士聚集的地方。我的一个朋友曾经把这些嬉皮士描述为"喜欢彩虹色、不梳头、一次把所有衣服都穿身上"的人。他们还经常谈论一些奇怪的话题，比如世上其实并没有所谓的巧合，因为一切都已"注定"。如果你在格拉斯顿伯里遇到这些人（你会的），你甚至都不会注意到他们，因为他们已经融入了人群。但如果这个人出现在办公家具销售会议上，你肯定会把他标记为怪人。

当然，如果你是一个在办公家具行业工作的嬉皮士，就可能会把彩虹装留到休息日再穿。但这些人所做的正是在各种场合下特立独行，而不是与人群融合。不管这是他们刻意的选择，还是因为无法认识到自己带来的影响，其实并不重要——关键是他们只是在做自己。这其实挺让人耳目一新的，你不觉得吗？

一旦你走出安全区，与这些人交谈，就会发现，他们可能是最有趣、最能激励别人的人。当然，和所有人一样，他们当中有些人可能也很乏味或不太友善，但其概率并不比其他群体高。有时他们有着神秘的背景，让我们明白他们为什么会这样出现；有时他们在工作上特别出色；有时他们特别善良。

如果你为了稳妥起见而跟世界上的怪人保持极安全的距离，你就放弃了一个结交某个可能给你的生活带来真正正能量的人的机会。而且你还放弃了另一个机会，那就是认识到走出安全区会丰富自己的生活。所以，有什么可失去的呢？不要再回避那些你不太了解的人了，去发现关于他们的第一手资料，看看他们到底是怎样的人，了解什么对他们是重要的。

这些人所做的正是在各种场合下特立独行。

第二章

帮助他人

　　如果你关心的人陷入困境，无论对你还是对他们，这都是很痛苦的。你只想尽一切所能来改善他们的处境。可是，你能做什么呢？

　　无论是与某个无法与他人合作的同事共事时所产生的那种挫败感，还是看到孩子或亲密的家人在生活中遭受磨难时的那种心碎，你都觉得难以承受，只想给他们一些实际的帮助。这也是解决方案的一部分。

　　即使不考虑具体是什么问题，有些法则也永远适用。这些法则是我花了很长时间在实践中观察到的基本原则（我逐渐意识到，如果能遵循这些法则，任何帮助都是有用的），它们全都阐明了一点：要创造一种互动，给对方自由的空间，让他们能自己找到解决问题的方法，同时也要让他们知道你与他们同在，这会给他们增添力量。你可能会注意到，如果你帮助的人也在设法帮助你，这些法则会更有效。

法则
032

|

先给自己输入能量

　　我们要帮助需要帮助的人，这很重要，主要有两个原因：第一个原因显而易见，即对方需要帮助；第二个原因就是帮助别人会让你感觉良好。所以，只要有人需要帮助，你就应该伸出援手，这样的话，每个人都是赢家。这是最理想的情况。

　　不过，如果是帮人拎沉甸甸的购物袋，或是给陌生人指路，或是为筋疲力尽的伴侣烧晚饭，或是帮同事复印报告，或是拯救一只伤了翅膀的鸟，这当然没问题。可是，如果你的朋友正沉浸在悲痛中，或是你的某个家人被诊断为患有双相情感障碍，或是你的同事的婚姻出了问题，你该怎么办？

　　也许，在你看来，这些情形中的任何一个（或多个）都很明晰，你确实也可能完全有能力给予帮助。不过，你的同事之所以向你求助，或许是因为你的婚姻在几个月前破裂了，他认为你也许对婚姻有深刻的思考。但是，你也不过是刚刚经历离婚而已。你应付得了吗？这会不会带给你痛苦？

人们往往会向某个与他们有相似经历的人求助。这合情合理，通常我们也会很乐意把自己所学到的东西传授给他人，因为我们觉得自己能真正帮上他们，事实也往往如此。可是，看看我前面举的另外一些例子：你的朋友伤心欲绝，你的亲戚患了双相情感障碍，从他们的角度看，你可能是最适合求助的人，可是，从你自己的角度来看，你并不是最合适的求助人选。

你必须保护自己。如果你也被情绪支配，如何帮助别人？为了对方，你要坚强，对方也要能将注意力稍稍放在自己身上，这样就不用担心会影响到你。

其实，在有些情况下，问题并不在于你自己的过往，而在于对方本身。比如，如果你花大量时间陪伴一个与酒精依赖症、严重抑郁症或其他精神疾病做斗争的人，你最终也会倒下。在一定程度上帮助别人是很正常的事，但要有个边界（只有你知道这条边界在哪里），跨越这条边界会给你造成重大伤害。

你必须确保自己的状态适合帮助别人，并确保自己的生活能照常进行，不受这件事影响。必要的话，你甚至可能不得不向对方道歉，向其解释，目前这种情绪过于强烈，你无法承受。你仍然能以其他更实际的方式来帮助对方，只是不再是倾听。不过，也许你只需限制与对方待在一起的时间或控制住事态即可。如果你的生活与那个人绑定得很紧，也不必彻底放弃，但你需要找到一些方法来给自己输入能量，比如长途徒步、看望朋友、加入当地的业余剧社或运动俱乐部。重要的事情在于，你要认识到，为了能真正帮助对方，你必须具有情绪上的力量。

如果你也被情绪支配，如何帮助别人？

法则
033

跳入沼泽

　　下面的情形是否让你似曾相识？你的伴侣或某个跟你很亲近的人告诉你，某件事让他们难过。你认真倾听，然后就如何解决这个问题给出了一些建议。可他们非但不感激你，反而愈发难过，好像这件事在某种程度上成了你的错，可你不明白为什么会这样。

　　相信我，你不是唯一有过这种经历的人。事实上，你也可能成为制造这种经历的人——你感到难过，你的伴侣（或不管什么人）不停地向你提出各种解决方案，搞得你很恼火。你也不知道为什么（显然他们在努力帮助你），可他们就是帮不到点子上，你开始后悔向他们提及此事。

　　在这种情况下，不管你们当中是谁感到难过，都会对对方主动提供的帮助感到懊恼，尽管难过的那一方明明是在寻求帮助。那么发生了什么事情？

　　事实就是，难过的人的确需要解决方案，但在此之前，他们需要另外一样东西。如果认识不到自己有这种需求（大多数人都认识不到），他们就不会去寻求它。但如果得不到它，他们就依然无法摆脱沮丧，尽管并不确定这个自己未能得到的东西是什么。那么，你的伴侣或朋友希望你在努力帮助他们之前做什么呢？这个问题的答案是让你们的对话顺利进行、让每个人都感到更快乐的关键。

他们希望你能允许他们产生难过的感受，这就是答案。我知道，很多时候，这让人无法理解，可感受就是非理性的。如果你直截了当地给出解决方案，这似乎是在暗示对方，他们不该难过、生气或担忧，因为是有解决方案的。可是对方又确实感到难过、生气或担忧，所以你似乎是在告诉他们不该产生这种感受，这就让他们的问题雪上加霜。这就是你的各种解决方案背后隐藏的潜台词（是的，我知道其实你根本不是这个意思）。

对这种情况有个特别好的比喻，那就是想象对方陷入沼泽，而你则站在沼泽边上。如果你想帮他们，最好的办法并不是扔根绳子过去，而是跳进沼泽跟他们一起陷进去，并告诉他们这个沼泽的确很凶险。接下来，你们就可以手拉手一起走出沼泽（而不是你站在沼泽边上把他们拽上来）。

所以，在你考虑要说"要么……"或"你何不……"或"要是你……会怎样"之前，要亲切地给予对方难过的许可。你可以说"我并不惊讶你会生气"，或者"如果处在你的位置，我也会很不安"，或者"难怪你那么担心"。

一旦对方知道自己获得了许可，可以产生那种感受，就会放松下来，自己思考解决方案。这表明他们其实根本不需要帮助，只是想让自己的感受得到认可而已。我真搞不懂为何认识到自身这一需求的人寥寥无几，但实际情况就是这样。所以，你不得不为他们做这件事（也为你自己，如果角色对换的话）。

难过的人的确需要解决方案，但在此之前，
他们需要另外一样东西。

———

有感受是正常的

接着上一条法则来说，很多人有这样一种感觉，即除非有很充分的"理由"，否则我们的感受多少是不算数的。我不知道这一感觉从何而来，也不明白为何在某些文化中这种感觉似乎更为普遍。不过，它确实有助于我们理解上一条法则。

我们都清楚地知道，感受是自然的，我们不必为其存在寻找合适的理由。可是，在现实世界中，几乎每个人都会在某些时候对承认自己的感受感到尴尬、羞愧、害羞或惶恐，就好像我们的感受都是理性抉择的产物，因此我们要对其负责。是的，有时我们的确可以选择产生何种感受，但这需要练习——改变一个特定的反应通常需要花时间，而且也不一定总是有效。一般来说，感受越强烈，就越难改变。

当你和他人打交道时，有时你会觉得很难帮到他们，因为他们不说出自己的真实感受。究其原因，往往就是我上面谈到过的，他们担心你会认为他们很傻、很蠢、不讲理、逻辑混乱或反应过度。事实上，一个人越是说自己傻，通常所受的伤害越深，你也就越能帮助他们。所以，你要让他们知道，你并不会评判他们的情绪。

和上一条法则一样，你可以让对方知道，你期待他们能做出情绪上的反应（比如告诉对方这很正常，没什么可羞耻的）。你只需根据具体情况直接询问即可，比如："你觉得受伤害了？"你对其询问这一事实就是在表明他们可以表达自己的情绪。显然你认为这是合理的反应。这可以驱动他们向你敞开心扉，让你能帮助他们。一旦他们知道你不会评判他们，就会畅所欲言。

对很多人来说，跟一个认真倾听、不做评判的人谈论问题，本身就是解决问题的一种途径（无论他们是想找到解决方案，还是只想一吐为快）。

顺便提醒一下，说话时要小心，千万不能让对方产生任何相反的印象。比如，当你对一个很担心某事的人说"别担心"时，你或许以为自己是在安慰他，但他却理解成了不应该有这种感受。当你对一个人说"别哭"时，他的理解是"这有什么可哭的"。一个人在陷入某种情绪中时会变得更敏感，所以会很容易把你口中的"别担心"解读为不屑，而不是安慰。

他人的情绪有时就像一只紧张的小猫咪。它不敢从沙发底下出来，除非你小心翼翼地哄它，让它知道你是爱护它的。

他人的情绪有时就像一只紧张的小猫咪。

法则
035

倾听，而不是解决

有时候人们需要一些实际的帮助，比如要搭你的车、要借用你的手机或在撰写简历时请你给些建议。没问题，因为这些都是实际的需求，你能满足。一旦你做了他们想让你做的事，问题就解决了。你是个好公民、好邻居、好朋友，快鼓励一下自己。

然而，一旦事关情绪，事情就不一样了。你无法解决他人的情绪问题，这不是你能做到的。如果有人难受、生气、担忧或害怕，他们需要自己把头脑里的这些感受厘清，这件事你无法越俎代庖。他们之所以跟你说，是因为需要得到共鸣，而不是找到解决方案。

我妻子花了好几年才让我明白这一点，因为每当有人向我提出问题时，我的本能反应就是试图去解决它。她毫不含糊地明确指出，我这样做的潜台词是她自己解决不了这个问题。她指出，假如她想借把螺丝刀或想搭个便车，就会说出来。我想，如果她从未求助，就不会感激别人的帮助。

事实证明，我的妻子并不是唯一这么想的人。在听到很多人抱怨伴侣不听他们说话后，我逐渐意识到她说得很对。线索就在这里——"不听"对方说话。从你试图为对方解决问题的那一刻起，你就没在听了。

人们之所以来找你，是为了一吐为快，或是想让自己的感受合理化（就像前几条法则所说的那样），或是想让你帮他们理清思路。也许他们并不想让你给予什么帮助，否则会亲口提出来。大多数时候，他们只是希望你能倾听。所以，你要缄口不语，压制住想做点什么的冲动。你在倾听，这就是你在做的事，足够了。

如果你认真倾听，对方可能会准备开始寻求解决方案；也可能不会，因为他们可能已经知道自己该做什么了，只是想先与你谈一谈。如果你感觉他们也许会欢迎你提出建议，可以问一下："你是想要一些建议，还是只想一吐为快？"我建议问这个问题，特别是在伴侣之间。显然这也会是我妻子的建议。

———————

压制住想做点什么的冲动。你在倾听，
这就是你在做的事，足够了。

法则
036

|

了解自己的局限性

在某种意义上，帮助别人这件事似乎全都与别人有关，但其实不然，这事跟你也有关。施以援手的人是你：如果他们上班时离开工位，你要替他们打掩护；如果他们因背痛而卧床，你要为他们烧饭；你要一连几个星期送他们的孩子上学；你要跟他们一起去医院拿检测结果。

我已经说过，你要先给自己输入能量以保护自己不受他人情绪的影响。可是，即使是给人提供更实际的帮助，你也要老实说明自己能干什么和不能干什么。如果你提出帮同事打掩护，然后发现自己应对不了，那如何能帮到他们呢？如果你答应跟他们一起去医院，却在最后一分钟发现自己有个摆脱不掉的工作之约，该怎么办？

在这两个例子中，更好的做法是一开始就拒绝，而不是随声附和，最后却未能落实。我们当中很多人实在太想帮忙了，总喜欢大包大揽。"是的，我能做。""交给我好了！"

其实，在内心深处你也许知道，如果陪同朋友去医院和拜访客户这两件事撞车，你就没办法去医院。但你认为这个可能性太低了，所以答应朋友去医院。可是，最终两件事还是撞车，你在最后一刻才通知朋友，这让你的朋友很难在这么短的时间内找到别人。并不是让你拒绝朋友，但你要提醒他们有这个风险，让他们来决定是冒险，还是请别人帮忙。

我知道你真的很想帮忙，可是你要明白，因隐瞒实情而最终导致对方失望比一开始就拒绝要糟糕得多。

我曾经主动提出替一位背部不适的朋友接送他的孩子上下学。我以为这只是一两个星期的事（我总是过于乐观，其实她从未说过具体要接送多久）。6个星期后我还在替她接送孩子。问题是，她家孩子和我家孩子上的不是同一所学校，我每天早上和傍晚要多花15分钟。这意味着我每天的工作时间减少了，每周损失的工作时间也远远超过两个小时。6个星期后，我对自己的提议感到非常后悔。如果我思考一下，就会意识到自己抽不出这个时间。我本可以提出帮她几个星期，或者如果她能另外找个人来下午接孩子放学，我就可以早上去送……我本可以有很多说法，可是我什么都没说，只是说"好的"。至少，在这个例子中，因为我的愚蠢而受苦的是我，而不是她。我学到了非常有用的知识（我现在正在把它传授给你）。

所以，你要知道自己的局限性，不要做超出自身能力的承诺。否则，你们中的一方或双方都会感到遗憾。

————————

不要做超出自身能力的承诺。

法则

037

——

这不是比赛

几年前，我的一个朋友经历了丧夫之痛。最让她感到惊讶的是，好多人拿自己的处境跟她做比较。一位离了婚的朋友告诉她："至少你知道他不会再回来了。"另一位朋友告诉她，她父亲的死对她母亲来说是多么可怕，因为他们共同生活了近50年——她说话的方式显然是在告诉我的朋友，她的丧夫之痛（只和丈夫在一起生活了20年）根本没那么糟糕。

事实就是，永远不要告诉别人他们的处境并没他们想的那么糟糕，这不会有好结果。他们知道自己的处境有多糟糕，不知道的人是你。如果某人最近失去了亲人，或是离了婚，或是被裁员，或是生了重病，他们并不会因为你说你的情况要糟糕得多而感觉好受一些，这种可能性为零。

我的朋友可以列出所有用这种方式让她难受的人，并因此对他们的友情持谨慎态度。可是，她却完全列不出那些只谈自己的困难，不去和她的困难做比较的人。因为这样做没问题。生活要继续，即便是经历创伤的人也认识到，别人也都有自己的难题，说出来是好事。事实上，在自己身处困境的时候给别人以支持是一个不错的转移注意力的办法。

当然，你要有一定的敏感性。因为自己养的仓鼠生病，就对一个近期刚刚被确诊患有重病的人号啕大哭，这可有点欠考虑。有时候你应该体贴地说："我知道跟你正在经历的困难相比，我的问题不算什么。"特别是你们的处境有一定相似性的话。你只是在宽慰对方，并没有低估他们的悲伤或痛苦。但除此以外，你一定要将你们的处境分开，最重要的是不要去比较。

交换看法是人类的天性，因为它表现出同理心。如果你的朋友说"我好担心会失业"，你回答"我知道这是什么感觉，我们公司也在裁员"，这就很好，因为这表明你理解对方。如果你想让对方重视你这个朋友，就一定不能过界，不要总想着超越对方——"你以为就你碰上了难题？我们公司现在正裁员，我所在这个行业的工作很难找。"看到没有，此时你已经不是在安慰朋友，而是让他感觉连抱怨的权利都没有。

如果你的朋友或同事在跟你抱怨，或是想跟你一吐为快，或是正在经历一个极为艰难的时期，那么焦点应该是他们以及他们的感受，而不是你。你可以下一次再抱怨。

———————

他们并不会因为你说你的情况要糟糕得多
而感觉好受一些，这种可能性为零。

法则
038

千万不要给他人提建议

没错，我强烈建议你不要给他人提建议，有点奇怪是吧？不过我不一样，因为你选择买了这本书，并去阅读和思考其中的内容。再者，如果你不告诉我，我永远不知道你是否听从了我的建议。

可是，如果涉及的是你的朋友、同事、家人或其他任何你认识的人时，不要提建议。同样，这里说的也不是实际的问题（这双鞋跟我的衣服搭配吗？今天晚饭该做什么吃？这份报告你会用什么字体？）。对于这些问题，如果你知道答案，尽可以放心回答。你要躲开那些带有感情倾向的问题。你可以同情、支持他们，但是不要提建议。是的，即使他们问你："我是否该怼我的老板？""是时候让我妈妈住进养老院了吗？""我正在考虑申请一份新工作，你怎么看？"

为什么？因为你不知道什么会对别人有用。这么说吧，对你有用的东西不一定对别人也有用。所以，你怎么能确定你的建议是正确的？另外，人们需要自己做出决定，这样他们才能坚守这些决定，并有信心坚持到底。因此，如果你告诉他们该怎么做，就剥夺了他们的决策过程中的一个重要环节——深思熟虑、权衡各种可能、考虑所有观点。

再说，如果你错了呢？他们因为怼了老板而被调离团队怎么办？他们因为把妈妈送进养老院而一直内疚怎么办？也有可能你根本没错，你的建议也许非常中肯，可是他们还是会后悔，或者责怪你。

对于赞成给别人提建议的理由，我实在想不出来，除了它也许能让你感觉良好。可我们是在想方设法地帮助别人，所以你的感觉无关紧要。从建议接受方的角度来看是什么情况呢？即使他们认为自己需要建议，可又怎么能保证这个建议真正符合他们的利益呢？

你要考虑到自己不过是在白费口舌，别人并不会关注你的建议这种情况。让我们假设你的朋友的伴侣有家暴行为。你觉得你的朋友不知道应该离开吗？如果你这样告诉你的朋友，只会让他／她在做不到的时候感觉自己更没用。你的建议并不能帮助你的朋友离开伴侣，你只不过是又一个想控制他／她的人。他／她需要的是你的支持，而不是给他／她下达其无法听从的指令。

那么，如果有人直接让你提建议，你该怎么办？回答就是，用问题来回应他们，帮助他们找到适合自己的答案。如果你……会有什么感受？假如……会怎样？你可以让对方不断思考各种可能（不要去推荐），并帮助他们认真思考各种后果，以及在每种情况下的感受。这时你就在真正地帮助他们。

———————

你 不 知 道 什 么 会 对 别 人 有 用。

法则
039

接受对方的决定

听起来，这条法则好像很容易遵循，事实也往往如此。如果你的同事决定忍受老板对他的批评，或者你的朋友经过深思熟虑，决定让她的妈妈过来和她一起住，或者你的弟弟递交了辞呈，开始找工作，你为何要介意？这是他们的生活，你已经尽自己所能来帮他们选择做什么（没给他们提建议），而且你认为这样他们会更快乐。怎么看这都是双赢，你可以去找下一个需要你帮助的人了。

可这事并没有这么简单，对吧？你心里暗暗希望同事能怼老板，因为如果这有效果，你也会得到好处，就算一切都搞砸了，你也没在风口浪尖上。但现在你却不得不跟同事一起忍受老板，冒着跟老板对立的风险。

如果你的弟弟找到的工作是在外地怎么办？你的父母那么依赖他，如果他不能常常陪伴在他们身边，只能偶尔来看望一下，他们会伤心欲绝的。

你的朋友呢？她可能认为她的妈妈没有了自理能力，把她接过来一起住就会让一切都好起来。可你知道不会的。有人和她的妈妈的情况一样，他们的病情很快就恶化了。六个月或一年后，你的朋友可能就无法把她的妈妈单独留在家里了。你知道她做了错误的决定。这就是不给建议的后果——对方做了错误的选择。

真是这样吗？也许你的朋友清楚地知道未来可能会发生什么。当你们讨论这个问题时，你虽然没给她建议，可你确实问过她："如果你妈妈的病情恶化，那怎么办？"或许她有备选方案，或许她原本就知道她的妈妈无论如何都无法自己一个人生活，所以出现状况的时候面对就好。

有时候，接受别人对他们的生活做出的决定会对你产生影响。以你的同事为例，他们的决定直接影响到了你。你跟老板的工作关系很不好，现在你的同事把球踢给了你。不过，这个决定还是要由他们来做，即使他们的决定迫使你不得不做出自己的决定。你可不想听任何人说你现在必须面对老板，所以强迫你的同事做出决定显然是不对的。很遗憾这让你陷入一个为难的境地，可这就是生活。

你的朋友和弟弟的决定没有改变你的生活，但它们还是会让你感觉很不好（为他们，为其他人）。你可能会认为，如果你给了他们更好的帮助和支持，他们就会做出"更好"的决定。所以，你可能既感到内疚，又感到担忧。

听着，尽管你给了他们那么多帮助，但你不能干涉别人做决定，也不对其负责。这个决定产生的任何后果都应完全由他们来承担。你得明白这一点，以免产生内疚、担忧或自责等无意义的感受。你的角色永远只是支持他们，只要你尽自己所能做到这一点，就可以对自己满意了。

———————

接受别人对他们的生活做出的
决定会对你产生影响。

法则
040

|

让对方去掌控

　　如果你真想帮助别人，就必须接受他们做的决定。这一点还有另外一个原因。每个人都要对自己的生活有掌控感，这很重要。如果你为他人做决定（无论你是多么好心的人），就夺走了他们对生活的掌控权。

　　也许你是对的，他们正在驶向灾难，但至少他们还坐在方向盘的后面，而且他们可以选择转入岔道或踩下刹车。如果你把方向盘夺过来，他们就会感觉更害怕。

　　再说，这是他们的汽车，你不像他们那样了解这辆车的性能。你可能没有为不太好使的离合器踏板或者有故障的显示器留出余量，除非你踩下离合器才能知道。⊖ 所以现在他们更焦虑了，因为没人像他们那样了解自己的车（或是自己的生活）。

　　我的一个朋友在防止自杀的"撒玛利亚会"做志愿者。他告诉我，有时候有些人会给他打电话，说自己有自杀倾向，因为感

　　⊖　我不是在鼓励你开一辆保养得很差的车。这只是个比喻。

觉无法掌控自己的生活。"撒玛利亚会"的政策是倾听，但不提供任何建议，甚至不去劝说他们打消自杀的念头（当然，同时也要尽力帮助他们看到另一种选择）。显然，允许求助者掌控自己的生命可以帮助他们做出活下去的决定。对自己生活的掌控感就是这么强大。

所以，对你的朋友、家人和同事来说（我希望他们没有自杀倾向），幸福的水平取决于他们对自己生活的掌控感。

如果总是有人让他们做这做那，他们就会感到焦虑，会有不安全感。这对青少年来说尤其是个问题，因为他们经常感觉自己被别人指使着做这做那。青少年处在一个非常脆弱的年龄，这可能会严重影响他们的心理健康。

既能控制别人做决定，又能带来足够多的好处来平衡失去控制权所固有的危害，这种情形我几乎想不出来。我知道你并不认为自己在控制他们，我也知道你认为自己只是给出了好的建议，他们有忽略这个建议的自由，但如果对方已经很焦虑、很脆弱，而你提建议的方式又太过强硬，那么对方就会感觉是你在为他们做决定。他们的切身感受才是唯一重要的一点，这和你的意图无关。

也许你是对的，他们正在驶向灾难，
但至少他们还坐在方向盘的后面。

法则
041

——

让对方自己思考

我希望前几条法则没有引起你的不安，好像在暗示你把事情搞得更糟糕似的，其实并不是这样，你只是想帮助别人而已。我知道你不想看到自己在乎的人难过，想让他们的情况好起来。你并没有错。

我有个建议：何不帮他们一下，让他们自己做出更好的决定呢？这样你就不会忍不住插手，他们也会更自立、更快乐，而且你依然会感觉自己帮了忙，每个人都是赢家。我不能保证对方会做出和你一样的决定，也许对你有效的方法并不适合他们，但至少他们会把整个事情好好想清楚。

顺便说一下，无论是对方直接找你来寻求建议，还是只是来跟你谈自己的问题，这个方法都适用。很高兴你有了一个通用的方法。它如此简单。你只需问问题就行了。

这很容易，对吧？当然，这些问题不能有引导性，并且应该是开放性问题，可以让对方做出充分、恰当的回答，而不仅仅是回应是或否。你可以先让对方完整讲述一下他们的问题——即使你已经对其了如指掌，也要走这个步骤，这是为他们，而不是为你。讲述问题的过程能帮助他们看清楚问题，而这又进而帮助他们找到解决办法。

接下来，你可以问对方一些更具体的问题。要让他们自己去探索所有的可能，不要把他们引向某个方面，也不要把他们从某个方面引开，即使你很想这样做。一定要做得恰如其分，否则就没效果。要专注于对方的感受，这才是最重要的。

你要的并不是解决方案，所以与其问"如果……会发生什么"，不如问"如果……你会有什么感受"。

因此，你要用"如果"这样的问题来探询他们的各种选择：如果……你会有什么感受？假设……会怎样？你还要不断地想到各种可能，但不能向对方推荐它们，要让他们自己把摆在面前的种种可能想清楚。我们假设你的朋友对于是否该搬去与伴侣同居实在拿不定主意：万一同居之后两个人关系破裂了怎么办？要是同居之后一切都顺利呢？要是一方搬到另一方附近，这样两个人大部分时间就能厮守在一起，怎么样？你可以帮助对方仔细思考这种种可能会带来什么后果，以及在每种情况下他们会有什么感受。

我记得曾经跟一个朋友聊天，她很想把自己的一个爱好变成生意，但又害怕出什么大差错，所以不知是否该冒这个风险，十分纠结。然而，她一旦有机会冷静地思考这件事，并回答了很多诸如"如果……你会有什么感受"之类的问题后，就逐渐认识到，她可以先小规模地做，这样就能弄清这个生意是否可行，而且几乎不用冒任何风险。这件事根本不像她所原来担心的那么可怕。如果她看不到这个生意的可行性，就无须扩大规模。

仔细把事情思考清楚就能带来这么大的变化，实在是神奇。有时候，有一个你这样的朋友就能使其成为可能。不提建议，不给压力，只问一些明智的问题——你切切实实帮上忙了。

不提建议，不给压力，
只问一些明智的问题。

法则
042

学会特异功能

我的一个朋友跟她的妈妈商量好，在她上班的时候由她的妈妈帮她带几天孩子。新学年一开始，我这位朋友就和她的妈妈一起敲定了新的轮值表，她的妈妈满口应承下来，可是却不断打电话来询问"你星期四什么时候要我过去来着"之类的问题。在我的朋友看来，很显然，她的妈妈对这个安排根本不满意，可是当她试图跟她的妈妈核实时，她的妈妈却坚称没问题。这位朋友告诉我，她完全无法找出问题所在，因为她的妈妈否认有问题。"她希望我有特异功能，能看透别人的心思，"我的朋友说，"可是，很遗憾，我没有。"

在写这条法则前的几个星期，我和编辑一直在讨论有关这条法则的内容。她说："是的，你必须知道问什么问题合适，因为对方期待你能……"这时我不假思索地补充说："……填空。"就这样，我熟练地挖了个坑，并自己跳了进去。

不过，我们说得对。应对这种情况是有诀窍的，它涉及两个方面。首先，你必须意识到这里面有潜台词。一般来说，你会模糊地感觉到事情进展得不顺利，其真相并不像表面上看起来那么简单。

然后，你要弄清真相。要做到这一点，办法就是问合适的问题。有时候这事做起来很容易，比如可以直接问："有什么在困扰你，对吧？"可有时候你要么感觉不该问，要么问了也没结果，因为你没能得到清晰的回答。的确，有时对方自己也没意识到这个潜台词，在这种情况下，直接向他们发问就不会起作用。

所以对于该问什么问题要机灵一点，想一想让对方抗拒的原因可能是什么，然后围绕这个原因提问题。他们可能不想告诉你真正的原因，因为这会让他们尴尬（比如，担心你会觉得这个原因不值一提，或者觉得他们神经质、愚蠢），所以你可以让他们知道你并不会这样想。"我理解，如果你感到……这件事对你来说就很难。"如果你这样说，也许他们就会紧跟着说："唔，是的，这挺麻烦。"这样你就可以向前推进了。

我的朋友猜测新的轮值表其实并不合理，可她的妈妈担心如果自己这样说，我的朋友就会找别人来照看孩子，这样她陪外孙的宝贵时间就减少了。于是，我的朋友在深思熟虑后又去跟她的妈妈进行了一次深入交流。不出所料，她的妈妈不想拒绝女儿的请求，可是新的轮值表确实和她的其他安排有冲突。这个问题很容易就解决了，我的朋友当然不想给她的妈妈带来不便，她只是需要多花点工夫来找到解决办法。

对于该问什么问题要机灵一点。

法则
043

—

倾听人们没有说的

上一条法则讲的是如何帮助别人解决那些他们认识不到的问题。本条法则略有不同。你可能经历过这种情形：对方告诉你有一个问题，但无论你怎么努力，似乎都无法解决这个问题。

发生这种情况会令人非常沮丧。当然，这种情形并非亲密关系所独有，但它的确在伴侣之间最常见。其实，对方提出的那个问题掩盖了一个更深的问题，因此无论你做什么来解决这个表面的问题，都只是治标不治本。你要挖掘问题背后潜藏的原因，并加以应对。

再者，对方往往也没意识到发生了什么，这可能会让情况变得复杂。他们可能真的以为自己所描述的症状就是问题的全部。让我们举个例子。假设你的伴侣抱怨你做的家务不够多。你是想解决问题的，而且希望你和伴侣的关系更和睦，所以你要么开始做更多的家务，要么理性地向其解释为什么做不了那么多家务（比如，你的工作时间很长）。你的伴侣接受了，但问题并没有消失，只是稍稍改头换面。下一次你的伴侣或许就会抱怨你没做你应分担的那部分家务，比如洗碗、整理花园或购物。

一旦你意识到问题并没有消失（要么只是稍微有所改观，要么就是尽管你认为已经解决了，但它还是不断出现），你脑子里的那根弦就应该动了。你应该意识到，你的伴侣所描述的问题并不是真正的问题。

一般来说，你们之间存在的问题就像一座冰山。你们讨论的都是那些看得见的问题，但水面之下还潜伏着一个更大的问题。这才是你要应对的，是你真正需要解决的问题。

在我刚才举的例子中，真正的问题是（几乎无一例外）你的伴侣觉得你没把他/她当回事。是的，你开始偶尔用吸尘器清扫一下家里，但这并不意味着问题就消失了，没这么简单。你解决了他们提出的问题——家务，但没有解决产生这个问题的根本原因。

你看，如果你的伴侣感觉自己受重视，就不会关心谁熨衣服的次数多。他/她会知道你对其很感激，而且你在其他方面也对家里有贡献。家务真不是重点。你需要从大处考虑问题，即如何让伴侣感觉受到重视，这才是最重要的。家务可能只是问题的一小部分，但实际上，如果你能解决根本原因，可能就会发现谁做清洁、烹饪和购物之类的家务没那么重要了。

水面之下还潜伏着一个更大的问题。

法则
044

找不到答案的人也许根本
不想要答案

我的一个同事总是想换工作。我们刚开始共事时他就这样说，两年后，我已经转行了，他还在这样说。五年后，他依然如此。一开始我很支持他，还给他提了建议（他向我寻求建议）：他在哪些事情上有资质，擅长什么事情，可能会喜欢做什么，等等。可是不管我建议他做什么，他都会给出一个不可行的理由：钱不够多，他的资历太浅，无法胜任，那个地区没有合适的公司，等等。

一段时间后，我意识到他根本不想换工作，于是我不再给他提建议。他还是不断地跟我谈这件事并询问我的看法，可我巧妙地回避了，绝不给他提任何建议。

这一模式通常被称为"是的，可是"模式。[⊖]不管你给出什么建议，对方都会用某个理由把它否决掉，向你说明这样做行不通。这种做法有个问题，那就是它会让你感觉很受挫，因为你本想帮

⊖ 在此我必须感谢医学博士埃里克·伯恩（Eric Berne），他首先发现了这个"游戏"。

助对方，可似乎却无法做到。如果对方是你的同事，你会感觉很泄气，可是如果你经常和你的某个亲近的家人玩这个"游戏"，你就没什么感觉了。

其实，在某种程度上，你给对方的帮助比你意识到的要多。在对方的大脑中，这个模式的目的其实是为了能够反驳你的所有建议（未必是有意识的）。所以，通过源源不断地给他们输送可供他们反驳的想法，你恰好给了他们想要的东西。长期来看，这对他们的心理是否有好处则是另一回事。

那么，你肯定想知道怎么会有这样的人——向别人寻求建议的目的只是为了拒绝接受这些建议。嗯，人是复杂的。"是的，可是……"能满足有些人的某个需求（或某些需求）。我认识一些人，他们会频繁地玩这个"游戏"，就为了让人们同情他们所处的困境。当你被拖进"是的，可是……"这个"游戏"的时候，你会注意到一件事，即这会持续一段时间，在整个这段时间内，你所有的注意力都集中在启动这个"游戏"的那个人身上。对，这是个很有效的用来寻求关注的策略。不过我要强调一点，根据我的经验，玩这个"游戏"的人很少能意识到自己在做什么，至少不能充分意识到。

"是的，可是……"模式之所以存在，另一个原因就是这会将责任从做决定的人身上转移到你身上。如果你给不出一个可行的建议（这是你的责任），那问题就在于你，而不是他们。此外，如果他们拿不出一个令人满意的解决方案，而你已经清楚地表明没有解决方案，那也不是他们的错。

一旦你意识到有人在玩"是的，可是……"这个"游戏"，最

好的办法就是不要再给他们提任何建议。你要反过来问他们应该
怎么做。当然，除非玩这个"游戏"的是你，这时候你就要问问
自己为什么要这样做。

———————

它会让你感觉很受挫，因为你本想帮助对方，
可似乎却无法做到。

法则
045

别对焦虑的人说"振作起来"

没人愿意不快乐，但的确有人看起来郁郁寡欢，那只是因为他们感觉这样更安全。"破罐不怕摔"。[一]不快乐的人爬不出自己的泥沼，这是有原因的，要么是不知道该怎么办，要么是害怕爬出这个泥沼后会陷入另一个泥沼（比如，如果你身边的某个人去世，你可能会感到痛苦，但同时你也觉得，如果你不痛苦，就会有深深的负罪感）。所以你能做的就是选择你的泥沼。

此外，你可能已经注意到，人们觉得某些情绪承认起来更困难。很多人宁愿告诉你他们感觉很愤怒，也不愿说自己抑郁。他们宁愿承认在担忧某件具体的事，也不愿承认自己长期处于焦虑之中。这有很多原因，有些与成长经历有关，但一般而言，人们觉得承认普遍的、长期的情绪问题比承认具体的、短期的情绪问题要难，部分原因是人们更难对前者合理化。

因此，承认担心能否卖掉房子比承认你长期处于焦虑状态要

一　17 世纪的诗人约翰·班扬（John Bunyan）所说，如果你不知道这句话的话。

容易得多；承认因为最近发生的一件事跟同事大发雷霆比承认你有长期的情绪问题要容易得多；承认近期父亲去世让你感到情绪低落比承认你有严重的抑郁症要容易得多。

此外，很多人在成长过程中都有这样一种感觉，即这些长期的、不具体的、不够理性的负面情绪在某种程度上是一种软弱的表现。所以，他们不想承认自己感到悲伤（除非是刚刚经历）、孤独、焦虑、抑郁（他们认为应该把自己从泥沼中拽出来）。可是，他们当然做不到。

人们不谈论这些感受的一个原因是担心你告诉他们振作起来。听着，如果真这么简单，你不觉得他们早就这样做了吗？这些情绪是不能这样应对的。如果你劝他们积极一点儿，只会加重他们无望、难过的感觉，因为他们做不到。这怎么可能对他们有帮助呢？

即使是专业的心理学家也认为帮助人们应对这类情绪是个挑战。如果真这么简单，那么心理医生就不需要接受多年的培训了，对吧？我们现在谈论的这些情绪很复杂，每种情况都不一样，因此，你最好不要简单、粗暴地在别人分手或失去亲人后告诉他们想开点，这会雪上加霜；也不要在他们感到焦虑、抑郁时劝他们振作起来。或许这对你有效，但对他们无效，否则他们早就这么做了，而不是向你敞开心扉来倾诉自己最深的感受。

———————

人们觉得某些情绪承认起来更困难。

法则
046

孤独是一种心理状态

　　我猜你像我一样，一想到孤独的人，就会想到独居老人。的确，很多独居老人感到孤独。然而，孤独本身与我们的现实情况无关。它是一种情绪，并非体现于现实中距离的远近，而是同缺乏与他人情感上的亲密接触有更大的关系。

　　这意味着有些人尽管与他人接触很少，却能拥有快乐、获得感和满足感。隐士便是很好的例子——人们一般不认为隐士很悲惨、孤独，因为他们自己选择了这种生活方式。

　　此外，这也意味着有些人虽然很多时候与人为伴，但依然感到孤独。这些人可能是青少年，也可能已经退休；可能害羞，也可能爱热闹；可能是单身，也可能已婚。在缺乏亲密情感的婚姻中感到孤独的人大有人在，其数量之多令人吃惊。

　　我有一个朋友，他当了很多年单身汉，非常快乐。后来他爱上了一个女人，娶了她。许多年后，他的妻子去世了，只剩下他一个人。他告诉我，他觉得孤独难耐。尽管他现在的境况与遇到妻子之前的境况完全相同，但那时，他很享受单身。我问他到底发生了什么变化，他告诉我："我现在知道自己缺什么了。"与妻子在一起时有一种亲密感，这是他以前从未有过的感觉。现在妻子不在了，他无法停止怀念这种亲密感。

首先，这个朋友的例子应该让我们明白，如果有人对你说他很孤独，让他去加入某个俱乐部是不会解决问题的（尽管我希望你不会去告诉任何人什么对他们最好）。对有些人来说，加入某个俱乐部确实有用，特别是他们交上了亲密的朋友的话，但对很多人来说，这根本没有任何意义。

很多人觉得承认孤独是件很难的事。如果他们好不容易承认了，不要因为他们已婚，或者有个大家庭，或者有繁忙的社交生活，或者有一份经常与人打交道的工作而感到惊讶或不相信。任何人都可能感到孤独，不管他们的境况如何。

同样，鉴于本章讲的是如何帮助别人，如果你的某个朋友看起来不开心，而你不知道为什么，考虑一下他是否可能感到孤独，无论其境况如何。特别是他的孩子们刚刚离开家，或者婚姻不是很幸福，或者他的父亲或母亲刚刚去世，在这些情况下，一个人更容易感到孤独。

孤独的人比你所能想象的要多，如果你想帮助他们，就要让对方觉得我们是一个可以真正与他们沟通的人，而不仅仅是一个可以和他们说说笑笑的人（尽管当然也包括这些）。然后，当他们需要跟人说话并且有信心敞开心扉时，就会认识到，你是可以帮助他们减少一点孤独感的合适的朋友。

孤独是一种情绪，
并非体现于现实中距离的远近，
而是同缺乏与他人情感上的
亲密接触有更大的关系。

法则
047

给他人私密空间

现在有一种流行的观点，即"多说有益"。过去那种不流露感情的方法是不健康的，我们都要多多打开心门，表达我们的感受，讨论我们的感受，把感受公之于众。

令人意想不到的是，这方面也会出现过犹不及的情况。的确，把事情憋在心里是有害的，会让人一直不快乐，但这并不意味着每个人都得滔滔不绝地谈论自己的感受。事实上，这样做也有弊端。生活是用来过的，而不是用来不停地分析的。我认识一些特别快乐的人，他们只有在偶尔处于困境时才会关注自己的感受，大部分时间，他们关注的都是他人，以及过好自己的每一天、每一周和每一年。过度内省会让一个人总想获得关注，变得以自我为中心。

和世间万事一样，你需要平衡和节制。从逻辑上讲，不能讨论感受的反面不是必须讨论感受，而是能去讨论感受。这可完全是两回事。

你觉得能畅谈自己的悲伤、忧虑、恐惧、愤怒、痛苦、抑郁当然很重要，如果你想谈的话。不过，并不是非谈不可。如果你陷入情绪的泥沼，最郁闷的事情莫过于有人给你压力，让你说出来。所以，请不要这样对待别人。并非所有人都喜欢对每个人交心。他们可能会觉得在某一时刻跟某个人谈论自己的感觉更好，不过可能不是你，也可能不是现在。

　　有些人知道，现在说出来是无济于事的，或许任何时候说都没有用。或许他们必须一步步地解决一些事情。或许他们已经有了答案，只是要让自己下决心去做，谈心是达不到任何目的的。或许他们并不想去思考这个问题，想减少对它的关注，而谈论它会让他们更加关注这个问题。

　　逃避是一种被严重低估的情绪状态。有人说："你得面对它。"可实际上，如果一个人不想面对某件事，为什么非要面对呢？大脑之所以下意识地进入逃避状态，通常有个非常充分的理由：现实很难承受。逃避是一张安全网，如果你把它拿走，或者强迫对方把它移开，就会使他们比以前更脆弱。这完全背离了你的本意。当然，有些人会一直处于这种逃避状态，已经对自己产生了危害。不过如果他们需要帮助，那也需要专业性的帮助，而不是你所能给予的帮助。逃避通常是一种有价值的、重要的情绪缓冲，不要试图把别人身上的这一缓冲拆掉，这非常不明智。

　　回想一下你经历过的那些糟糕的日子。我敢说，有时候你很想跟人谈一谈，而有时候则不想。对于有些朋友，你很想敞开心扉，而对于另外一些朋友你则沉默不语。曾经有人对我说"如果你说出来会感觉好受些"，可我知道并不是这样的。这让我想起这句话:"如果我揍你,我会感觉好受些。"还是两个都不要吧!

其实最有用的办法就是让一个不想谈论自己感受的人知道,你不会劝他说出来。有时候,如果有人正在经历危机,你能说的最有用的话便是"如果你想谈,我会很开心地跟你谈,可是我不会提到这个话题,除非你先提起"。这样他与你相处时就会放松下来,因为他知道自己不会有任何压力。

过度内省会让一个人总想获得关注,
变得以自我为中心。

法则
048

一切互动非正能量即负能量

我经常被这样的事打动：如果我哪一天过得有点糟糕，一个陌生人或一个热心的店员热情地冲我微笑一下，或者一个刚刚相识的人友好地跟我说几句话，我就会觉得受到巨大鼓舞。他们并不知道我那天过得不好，可还是帮到了我。

和每个人一样，我的生活中也偶尔会有很艰难的时期，这时我会加倍感激那些刚刚相识的人所表现出的善意，因为他们没必要为了我特意那样做。同时，再加上那些陌生人的小小举动，让我的日子稍稍好过那么一点点。当然，只有在我身边的人都表现得很有正能量的那些日子才是这样。我猜你也注意到了这一点。也许你还发现，如果你能清楚地意识到这一点，它的效果就更强。

所以，你有没有想过你给别人带来的影响？每当你朝陌生人微笑、帮人打开门或对一个刚刚相识的人友好地打声招呼，你都会让他的那一天过得更好。也许只是好一点点，但你和其他人一道照亮了他的日子。或者你在某件小事上给了别人帮助，让他们忘掉了之前碰到的那个好斗的司机或暴躁的邻居带给他们的不快。当你照亮别人的日子时，这本身也会让你对自己的感觉更好，所以你们双方都会受益。

我有一个朋友，他认为每次我们与别人的互动都会给对方带来某种感受，要么让他们感觉更好一点，要么让他们感觉更糟一点，从没有中间地带。如果你仔细观察在遇到别人时的感受，就会发现他说的完全正确。哪怕只是短短的一次接触，我们也会产生某种感受——振奋、受挫、尴尬、欢乐、担忧、内疚、积极、安心等。

你也在这样对待别人，正如别人这样对待你。更重要的是，如果你朝某个人微笑，他们几乎无一例外地会回以微笑，这带给你的那种小小的鼓舞会让你一整天都心情舒畅。事实上，我偶尔也会冲着那些刚刚瞪我一眼的人笑，你知道为什么吗？因为这样做总比我也回瞪他们的感觉要好。我知道我尽了自己的那份力，给了他们一丝温暖，如果他们不愿意接受，那与我无关。也许他们不知道该如何接受一个友好的举动，也许数以百计的被瞪但仍报以微笑之人会慢慢帮助他们学会。

你也在这样对待别人，
正如别人这样对待你。

法则
049

并非每个人都想得到帮助

本章讲的法则都是关于帮助他人的。不过，有一点要指出来，有能力帮助别人并不意味着应该帮助他们。明白这一点不容易，因为你往往知道自己在某个方面能惠及他人。

这不仅仅指你的一些善意的举动，还指你给别人带来的感受。很多时候，你的帮助可以使对方感受到关爱，感觉自己是有价值的，自己足以应对局面，并因此对你心存感激。而有时则并非如此，对方可能会感受到另外一些东西，或者同时感受到这两种东西。他们可能会感觉受到了轻视，遭到了贬低，或者感觉无助，或者感觉被当成小孩，或者感觉欠了人情。他们可不想有这些感受。同样，如果你对对方表现出善意，而他们却拒绝接受，他们也会不舒服（如果是你家处于青春期的孩子则另当别论，他们才不会有内疚感）。

每当你主动帮助别人时，实际上就是在给别人放一笔人情债。你在主动提出成为对方的债主，你是高高在上的一方。是的，我知道这并非你的用意，你只是想能帮上忙而已。可是没什么区别，这就是这笔交易的本质。

正因如此，尽管你能让某些人的生活更轻松，但他们却不想让你做这样的事情。如果你站在这个视角，就能理解"我不想让你帮忙"这种心态了。首先，这能让你明白为何你家处于青春期的孩子不想让你帮忙，而且的确他们比大多数人都更愿意清楚地表达这一点（不过我们也都知道，第二天他们就会来找你要钱、搭便车、写不参加运动的假条、要更多的钱……）。

大多数人在迷路或摔倒时都会很感激陌生人帮了自己一把。但是，如果你主动扶一位老太太过马路，而她不认为自己是个老太太，可能就不会感激你。当然，这些老太太大都很有礼貌，会客气地婉拒，不过你得听听她们在说什么。

在大多数人际交往中，人情都是有来有往的，所以没人会去计算，只要帮助是双向的就行，这就是爱和友谊的真谛。

一个永远无法还你人情的人可能会更抗拒你的帮助，无论他们多么礼貌地表达拒绝。你常常能帮上他们，而他们却没有能帮上你的地方。如果你的位置比他们高，就更是如此。所以，不要停下帮助别人的脚步，但一定要注意对方是如何回应的，还要理解为何有些人会拒绝接受你的帮助。这与你无关，与给他们带来的感受有关。

这与你无关，与给他们带来的感受有关。

第三章

让人们站到你这边

　　并非每个人都能以你的方式看问题。你的妈妈不一定能看到上了年纪后可能需要有人帮她做家务；你的老板不一定能看出你的项目预算不够多，无法支撑项目的运转；你的邻居不一定能看出他家的篱笆太高；你的朋友不一定能看出让你在外面待到很晚是多么不实际；你的同事不一定能看出需要特殊对待某个客户。

　　了解人们想法的意义部分在于你能说服他们按你的方式来看问题。本章讲的便是如何使你和他人保持利益一致，这样你们就能以同样的方式看问题，并能通过谈判达成协议。不过，这些法则绝不是教你如何操纵、胁迫别人。我们的目的不是不惜一切代价获得想要的东西，而是运用自己的人际关系技巧让每个人都想要同样的东西。

　　如果你让对方感到沮丧、受骗、情绪上受打击、被骚扰、有压力、被操纵或被打败，就有问题了。我们的目的是让双方对所有决定都感到满意，并感觉双方共担共享、意见一致。

法则
050

|

忠诚是双向的

如果一个人对你忠诚，他们就会站在你这边，这应该是确凿无疑的。那么问题来了，是什么让你的伴侣、同事、朋友、老板对你忠诚的呢？有些人生性就比别人忠诚，但如果你知道怎么做，就几乎可以让所有人都对你表现出高度忠诚。

要理解这一点，关键是要明白人们不会选择对你忠诚。他们要么感觉得到，要么感觉不到。我曾经的一个老板坚持认为他的团队应该忠诚于他，这是他们的分内之事。可这根本行不通。的确，他们应该表现出对老板忠诚，并像一个忠诚的员工那样行事，这可能是他们的分内之事，但是，能否感受到忠诚或不忠诚就不是他们所能掌控的了。只有这位老板才能掌控。更重要的是，你让一个对你没有忠诚感的人忠诚于你的要求很无理。当然，这样做只会让他们减少对你的忠诚。

是的，减少忠诚。因为忠诚是动态的，并不是非黑即白。你的一些朋友可能对你有某种程度的忠诚，但也仅此而已。你的伴侣可能对你百分之百忠诚。你的老板可能在某个限度内对你是忠诚的，但如果过了这个限度，他可能就不管你了。

所以，如果你想让身边的人对你忠诚，就得赢得这种忠诚。不管你喜不喜欢，这是唯一有效的方法。好消息是，赢得他人忠诚的方法极其简单，只需对他们忠诚即可。要接受一点，有些人总是比别人更容易收获忠诚，这并没有什么对错之分，他们只是天性如此。接下来，你要抓住一切机会表现出自己对他们的忠诚：

- 不要在背后说他们的闲话或散播关于他们的谣言。
- 在"外人"（家庭、朋友圈、公司、部门等以外的人）面前为他们出头。
- 在他们需要的时候表现出支持和同情。
- 不要泄露机密，但除此之外，你要尽可能地敞开自己，并与他们合作。
- 始终尊重他们的观点，即使你与他们的意见相左。你可以在不贬低他们的情况下表达你的观点。
- 当他们畅谈某个观点、意见、想法、项目时，无论你自己对此事的想法如何，都要倾听。
- 表现出你对他们个人事情的关心——记住他们孩子的名字或他们上周参加了工作面试这件事。
- 当他们为你做了什么时，你要表现出感激之情，不管是朋友做饭时记得你最喜欢的饭菜，还是团队成员赢得了一份合同。不要只是说"谢谢"，要告诉他们你为什么感激他们。

如果你能为和你一起生活和工作的人做到这些，你会发现，你的身边全是忠诚的人。

———————

人们不会选择对你忠诚。
他们要么感觉得到，要么感觉不到。

法则
051

记住细节

人们都想感知到自己的重要性，以及自己的存在对别人的重要性。如果一个人本该记住你的名字，可见了你却叫不出来名字，你就知道这是什么感受了，你会觉得自己不重要、微不足道，觉得对方不在乎你或认为你不够有趣、有价值。这种感觉很不好。如果有人记住了你，你的感受则恰恰相反。

当然，如果他们只是记住了你的名字，通常也用处不大（除了不会有被人忘了名字那种不好的感觉）。这要看他们对你的熟悉程度，你们最后一次见面是什么时候，以及你们对彼此的了解程度。如果公司的首席执行官在两年前见过你一次后哪怕只是记得你的名字，你也会感觉很好。

我年轻时曾经和一个大名鼎鼎的演员合作过（演员总是能见到各种人——演职人员、剧组、导演，而且他们一年可以接好几份活儿，可以见到很多新面孔）。我没想到会再次遇到这个人，因为我当年只是在一个小剧组做替补，一共没几天。当时我告诉他（他跟每个人都很能聊）我有其他职业规划。大约两年后，我很偶然地有了几个星期的空闲时间，便又为这家电影公司工作。这个演员恰好也回来拍一部电影。我以为他不记得我了（怎么可能记得呢），可他一看到我就非常热情地问候我，并问我职业规划进展得如何。他居然对我那时的状况记得一清二楚！我当时的喜悦无以言表，我值得被记住，这让我感觉太好了。

所以，千万不要低估记住别人以及关于他们的细节的价值，如果他们在某种程度上认为你比他们资历深，就更有意义，就像我看待那位演员朋友那样。你要记住前台接待的孩子的名字，或是某个同事家里即将举行盛大的家庭聚会，或是你的邻居要去哪里度假，或是你的表弟媳喜欢在薄荷茶里放点蜂蜜。

你是不是在想："我怎么可能记住所有这些东西？"我猜可能是的。我教给你两个办法。第一，你越是对你们的交谈感兴趣，越是投入其中，就越有可能记住细节（那个演员就是这样做到的，他总是认真地听到人说话）。第二，你可以写下来，因为显然你不能指望把它们全部记在脑子里。我写了无数张纸条，并且把它们都放在客户卷宗里。它们会提醒我：某个客户的女儿何时要考驾照，某个客户喜欢哪种葡萄酒。如果你知道你的表弟和表弟媳会在十一月再次过来，就给自己设置一个电子提醒。

我的牙医总是知道我的情况，比如我上次见他时跟他说过的要去度假或出差的事。我敢肯定他把这些事情记在了纸条上。我会不会不高兴——他对我的兴趣是"装出来的"，因为他把它们全都记在了纸条上？当然不会。他认为我值得被记住，这让我很高兴，而且我很感激他不怕麻烦。我才不在乎他是在脑子里记还是在纸上记。

你越是对你们的交谈感兴趣，
越是投入其中，就越有可能记住细节。

法则
052

奉承绝不能空洞

我认识一个人，他以前干过一点算命的营生。他有一个清单，上面全是他准备跟客户说的话，这些话会让客户感觉他能看透他们，但其实这些话适用于所有人。其中有一句是："看得出来你不是个容易被奉承话打动的人……"这句反语可太有意思了，我喜欢。实际上，每个听到这句话的客户都没听出其中的嘲讽意味。

字典里"奉承"这个词的意思是过度或不真诚的赞扬。那么"空洞的奉承"这个说法就几乎毫无意义，因为奉承本身就是空洞的赞扬。$^{\ominus}$有些人喜欢听奉承话，不管是什么样的奉承话都照单全收，而有些人则能看清奉承的本质，讨厌听到奉承话。即使你知道你面对的是第一种人，如果你对他们的赞扬并非发自内心，那么你其实还是在对他们说谎。

你可千万不能让人发现你在肤浅、虚假地赞扬某个人，不管

⊖　所以我觉得从逻辑上讲，"空洞的奉承"应该是无诚意的不真诚。这是不是双重否定（这样的话，"空洞的奉承"就意味着真正的赞扬），或者只是同义词？

是被这个人发现还是被其他听到的人发现。往好里说，人们会觉得你不诚实；往坏里说，你会搬起石头砸自己的脚（"既然你这么喜欢我最近画的这幅画，我就把它送给你，你可以把它挂在客厅的墙上"）。

当然，赞扬是一种建立忠诚、让双方感觉同属一个阵营的宝贵方式。它表明你为对方考虑、关心对方，这能促进良性循环，让对方继续加油干。而且，赞扬能让对方的自我感觉更好，不管这是否对你有利。本章中的法则围绕如何把别人争取到你这边展开，但这并不意味着你不能做出利他行为。

所以不要停止赞扬别人，但一定要说真心话，而且永远不要将真心的赞扬变成空洞的奉承，否则对你们双方都没好处。我家有好几个人是演员，大家常常有这种感觉：如果去看一个朋友的演出，可是却不喜欢这个演出，那么该对朋友说什么就是一个让人头疼的事。演出结束后，你绕到后台，想对朋友说点什么。在一片喧闹声中，你会觉得这时候可不适合给朋友递个纸条，告诉他／她该如何提高演技。这个难题的答案（也适用于你可能会碰上的所有类似情形）就是，找到你喜欢的某一点，然后猛夸这一点："亲爱的，你的台词说得很棒！"老实说，这句话可以有多种理解：或是"多美的作品啊"，或是"我真不敢相信你背下了那么一大段台词。你究竟是怎么做到的"。换言之，你的赞扬要听起来充满正能量，但不要说任何违心的话。

———————

赞扬是一种建立忠诚、让双方感觉
同属一个阵营的宝贵方式。

法则
053

|

赞扬要有效

我们现在谈的是赞扬这个话题（如果你是按顺序读的话[⊖]）。我要说的是，赞扬并不都一样，即使是发自内心的赞扬也分为很多种。当然，发自内心的赞扬总归是好的，但除此以外，还有一般的赞扬、绝妙的赞扬。懂得如何给予绝妙赞扬的人相对较少，所以他们很了不起。一旦你知道如何去做，你也会成为其中一员。

下面我就给你上一节速成课，教你如何给予他人绝妙的赞扬，也可称为满分赞扬（这是给你打的分，不是给对方打的分）。

首先——同时也是最重要的——赞扬要具体。不要只说"做得好"或"组织得棒极了"。你可以用这样的话开头，但接下来就要确切地告诉对方赞扬他们的原因："不仅一切都进行得很顺利，而且你自始至终保持着愉快的心情，不慌不忙，把什么都想到了，就连鲜花都是精挑细选的，而且还安排了出租车等着在活动结束

⊖ 你知道，不是每个人都会这样做。跳出舒适区是件好事——你为什么不试试跳着读？只是为了看看你会如何应对。

后接人。"怎么样，这是不是比一句简单的"做得好"要好听？这样说不会让人感觉不自然，也不会让人感觉自己被漠视，相反，对方会觉得你真真切切地注意到了他们所做的努力和贡献，并对此表示感谢。

接下来，你可以跟对方讨论一些细节，问他们一些具体问题。每个人都喜欢谈论自己，因为这说明你对他们真的很感兴趣——"你从哪儿找到那么棒的幻灯片来形象地说明你那个火山的比喻？都是你自己做的吗？"

还有（如果你曾经听到过赞扬，就会认识到这一点），你在赞扬别人时不要加上"不过"。比如："不过，下次咱们争取将发言时间控制在 15 分钟内。"任何一种煞风景的结尾都会让先前的赞扬黯然失色。你要是这样做了，就甭想得满分。

现在，100 分中你已经差不多得到了 60 分。事实上，在一些细节性表扬上，你可能已经得了满分，比如表扬孩子从学校带回家的画，或者在工作上取得的某个小成就（如果你对一件小事大加褒奖，可能一开始会让人听起来不真诚，有种高高在上的感觉）。不过，如果有人取得了某项重大成就，你对他的赞扬还有很大的提升空间。

人人都喜欢得到认可，原因各不相同。所以，如果有人表现得非常出色，你的赞扬就要更正式、更公开，而且要让他本人知道。比如，你可以把它写进他的人事档案，给他发一封邮件表示感谢，并抄送家庭或公司里的其他人；你还可以当着他重视的人的面感谢他。另外，记住，如果别人赞扬他，你一定要转达给他："梅格告诉我，要不是你的镇定稳住了她，要不是因为你对每个步骤都了如指掌，她不可能办好她的婚礼。"

　　好了，现在你已经有能力给别人满分赞扬了。与此同时，你还拥有了一个令人愉快的优势，即能让对方明显感到自己受到重视。

懂得如何给予绝妙赞扬的人相对较少，
所以他们很了不起。

|

赞扬要有分寸

既然赞扬是好事，那肯定对他人越用力赞扬越好。你是不是也这样想？但奇怪的是，事实并非如此。如果对一个人的赞扬跟他的实际行为不相称，就会产生令人意想不到的危害。有些父母总是夸孩子多么聪明，做的每件事都是多么了不起，殊不知这样对孩子危害最严重。孩子还处于成长阶段，父母对孩子的影响是巨大的。不过，就算是赞扬你的朋友、团队或家人，赞扬并非多多益善这一点也依然成立。

我并不是说不该经常赞扬别人，只是不要过誉。首先，过誉某人可能会让对方感觉你高高在上，或是觉得你不真诚。如果一个人只是在回家的路上取了牛奶，你就夸他"太棒了，做得好！太了不起了"，那也太没说服力了。我知道有些人有这种表达习惯，他们的朋友和同事可能也都知道，他们口中的"太感谢你了！你真了不起"就相当于别人口中的"谢谢"。在一定范围上，这样说也并无不可，毕竟人和人不一样。不过这让我想起我认识的一个人，他的赞美控制钮永远设定在最大值，但别人确实觉得他特别高高在上。

过度赞扬还有一个更大的问题（这也是父母在不知不觉中可能造成巨大问题的地方），那就是它会让人产生失败感，并让人感到焦虑。在内心深处，被赞扬者深知自己并没那么好、那么特别，所以为了不辜负你的赞扬，他们就不得不让自己承受越来越多的压力。再者，如果某个人每取得一点小成就，你就对其极尽溢美之词，这无异于把货币搞贬值了。一旦他做了什么真正出类拔萃的事，你便无话可说了。

我妻子曾经组织过一次大型家庭聚会。她对这类事特别在行。事后，很多人都夸她了不起，一切都进行得非常顺利，安排得很周到。尽管大家的本意是让她为自己感到自豪，但她听了却感觉有点郁闷。我们讨论了这个问题，她告诉我："他们听上去就像是觉得这是个多么了不得的成就，可在我看来不过是小菜一碟。如果他们认为这事超出了我的能力，那可就太小看我了，我很失望。"她想听到的是："安排得好极了，完全符合我对你的预期。"这听起来才像真正的赞扬。

你可以选择去感谢别人，而不是赞扬别人。我的妻子对那些感谢她把这件事做得这么好的人感到很满意。毕竟，她想得到认可，感谢她就等于认可了她，而且这听起来又不会让她觉得被轻视。

一旦把这一切想清楚，你就能把握好赞扬的分寸。不过，如果你吃不准（或者即便没有吃不准），就使用这个诀窍：少说一些"做得好"之类的一般性的表述，多花些时间来挑出具体的细节并

进行讨论，就像上一条所说的那样。对对方来说，这才是真正的
奖赏，而且你也无须决定应把赞扬的标准定得多高。

———————

如果某个人每取得一点小成就，
你就对其极尽溢美之词，
这无异于把货币搞贬值了。

法则
055

人们都希望别人喜欢自己

这听着像是老生常谈，当然也确实如此。除了临床上被诊断为反社会者的那些极为罕见的人（我没有专业资质，所以不打算给他们提建议），每个人都希望别人能喜欢自己，而不是讨厌自己。有些人为了获得别人的好感，会不惜一切代价；有些人虽然也希望被人喜欢，但不会去刻意追求——不，其实这些人也相当在意自己喜欢和尊重的人是否也喜欢他们，只是他们比前一类人更精明罢了。很显然这是一个谱系，而不仅仅只有两个群体。你要意识到与你打交道的人处于这个谱系上的哪个位置，这很有用。

每个人都认识到（无论是有意识的还是无意识的），喜欢通常是相互的。如果某个人不喜欢你，你往往也不喜欢他。所以，如果人们认为你喜欢他们，就更有可能与你合作。毕竟，反正你也不喜欢他们，从中作梗的话又能失去什么呢？如果你们彼此喜欢，制造麻烦的成本就会比较高。

因此，这条法则说的就是喜欢某个人会比不喜欢他更有可能获得他的支持。对方会感觉到你喜欢他（你基本上能分清谁喜欢你，谁不喜欢你），这会鼓励他去维持你对他的好感。

这听起来好像很好理解，不过，想一想你认识的那些难以相处的人，你有没有发现他们似乎不太会喜欢谁。他们显然没想明白，如果他们能多喜欢你一点，你是不是就更愿意在他们向你求助的时候给予支持呢？你是不是更有可能同意他们的看法，或者更有可能在他们希望被倾听的时候认真倾听呢？

当然，对方也得意识到你喜欢他们。如果你喜欢他们，这可能很自然——这一切大多数时候都是自然而然地发生的，你们双方都不需要刻意地考虑它。但是，如果对方恰好是你不喜欢的人，该怎么办呢？他们都是些令人讨厌的家伙，不好打交道，对吧？你不喜欢他们，他们也感觉到了，这意味着他们可能只会对你公事公办，于是你就更不喜欢他们。瞧，出现了恶性循环。

其实，不必打破这个循环，如果你不想的话——但你肯定想打破，对吧？如果你想获得对方的支持，就得让自己喜欢上这个烦人、爱刁难别人、老是制造麻烦的人。不好办，对吧？但也不是不能办。

我发现，最好的办法就是不要一下子喜欢上他们的全部，这太难了。不过，他们身上总会有某个让你喜欢的地方，只是你得去寻找它。想一想，他们的伴侣或孩子一定在他们身上看到了什么，思考一下他们为何是这样的人。即使开始时你只是同情他们，但正如莎士比亚所言，这也是"一定程度的爱"。或许他们业务精湛，让你的日子轻松一些；或许他们很幽默；或许他们善待小动物。如果你开始尝试寻找，可能最终就会到达一个临界点，过了这个临界点，你就不再讨厌他们了，也许会慢慢地喜欢上他们。你可以偶尔发自内心地夸奖他们一下，看到他们时冲他们微笑。久而久之，他们自然能觉察出来。

如果某个人不喜欢你，
你往往也不喜欢他。

法则
056

赢得对方的尊重

上一条法则反向也适用。如果对方喜欢你，就更有可能帮助、支持你。可有些人似乎不喜欢你，所以你就很难让他们站在你这边。他们也许不会故意破坏你的计划，但也不会特意帮助你。

你不能指望给这些人做蛋糕、奉承他们、给他们送花、表现得特别殷勤来让他们喜欢你。事实上，除了把他们当成正常的按法则行事的人，你不要尝试着让他们喜欢你，这毫无意义，因为你真正需要从这些人身上得到的是尊重（过于殷勤会让你失去他们的尊重）。我们很难不喜欢一个受到我们尊重的人，除非他实在让人讨厌。而你并不是一个让人讨厌的人，因为你是一个法则玩家，待人接物总是很得体。你所尊重的某个人也许并不是你最好的朋友，不过你还是会很喜欢他。这足以使你在他向你寻求帮助和支持的时候施以援手。如果一个人尊重你，他就会重视你对他的认可，因此就不会轻易地冒不合作或刁难你的风险。

如果你去问的话，你会得到很多关于如何赢得尊重的建议，不过它们都归结为以下三点：

- 精通自己的工作。
- 清楚自己精通于工作。
- 诚信做事。

无论是在工作当中、与朋友相处中还是帮忙管理当地的俱乐部的时候，你都要确保自己精通于所做的事。这不仅仅意味着满足工作时限要求或达到预订目标，还意味着你必须冷静、优雅地实现你的目标，并且不能小题大做或对他人提一些不合理的要求。懂了吗？干得好不是只停留在纸面上，在与他人的互动方面也要做得很好。

之所以要清楚自己精通什么，是因为如果你总是寻求别人的肯定、认可和确认（无论是口头上的还是非口头上的），就无法赢得别人的尊重，你只会看起来不自信。

至于诚信，你要始终坚持自己的价值观，即使有时可能很容易动摇。在小的方面你要坚持自己的信念，如有必要的话，大的方面也要坚持。始终尊重他人、善待他人，在他人需要你的支持时站出来维护他们。

做到以上三点（应该不太难），人们就很难不尊重你。而一旦他们尊重你，就更容易喜欢你，而不是讨厌你。

———————

你必须冷静、优雅地实现你的目标。

法则
057

有幽默感

要想被人喜欢、得到他人的尊重，有幽默感很重要。我们很容易喜欢一个有幽默感的人，所以这样的人必定更容易得到支持。如果你能让某个人笑，基本上就吸引住了对方。

不过，这并不意味你要在办公室或其他任何地方当段子手，也不用在意每天让别人捧腹大笑多少次。我说的不是这种幽默。

让我们在这里把其他一些不相关的东西剔除开。某些类型的幽默是法则玩家的禁区：

- 所有让群体／家庭／组织中的其他人成为笑柄的幽默。

- 所有让别人沦为笑柄的恶作剧式幽默（说实话，这几乎包括所有恶作剧）。

- 所有冒犯少数社会群体的幽默（性别歧视、种族歧视、嘲笑残疾人的笑话等）。

从根本上说，取笑群体以外的人也不是什么善意的举动，别人并不会把你当成一个讨人喜欢的开心果，他们会觉得你不招人待见。在这一点上我能想到的唯一一个例外便是调侃那些自愿把自己置于公众视野中的人。

所以，你学到了什么？其实，幽默的种类太多了，有俏皮话、怪诞的关联、聪明的双关语、反讽……这要么是你与生俱来的风格，要么就不是。如果你在幽默这方面做得很好，那就继续加油。但如果不是的话，你也不必难过，因为幽默本就不是能学来的。幽默是极其个人的东西。

不过，幸运的是，有一种幽默我们都能掌握，这种幽默会让你比别人更讨人喜欢，那就是自黑。我们都可以让自己成为"笑柄"，讲一些使我们看起来有点愚蠢的故事，或者开自己的玩笑。不必计划一天当中讲多少自黑的话，只要一有机会尽力抓住就行。即便这种机会不多，人们也会欣赏你的自嘲，以及使他们跟你同乐的能力。

只有一个小小的前提，那就是不要破坏你在群体中的声誉。一般来说不会，但是，如果你总是在单位讲你由于未提前规划好而在家里闹出了这样或那样的笑话，最终人们会质疑你是怎么当上项目经理的。

_____

幽默是极其个人的东西。

法则
058

勇于承认错误

　　我以前曾在一个老板手下工作，我非常尊重他，他很有天分，而且很擅长倾听别人的意见，从不发号施令，总是采取一种合作的态度。他偶尔会跟我们讲他从业早期的故事，其中的一个故事是这样的：他认定某个产品线是没有希望的，建议放弃它。然而，他的同事们推翻了他的建议，结果他们打造了那个时期最成功的产品线。他最后说自己很庆幸他的同事们没有听从他的建议。

　　有趣的是我对这个故事的反应。我想的并不是："太失败了，多么愚蠢的错误。他是怎么走到今天的？"然而，很多人之所以不敢承认错误（无论是过去犯的还是最近犯的），正是害怕得到这种反馈。其实，听众根本不会有这样的反应。当我听到这个故事时，我想的是："多好的人啊！我知道他是个有判断力的人，所以这种错误对他来说很罕见。不过他承认自己犯错了，多么谦虚。这让他看起来很有人情味，毕竟，我也知道没有人是永无过失的。"

　　这个人在谈论自己的错误时轻松自如——正是这一点让我感

觉到，如果我在为他工作时出了错，他会理解的。人人都有可能判断失误，知道这一点能让人感到宽慰。

和一些家长在一起的时候，我也有类似的感受。听到有人承认自己在育儿方面犯的可笑的错误真是令人耳目一新——不仅仅是虚伪的小错误和无关紧要的事情，还有比较严重的错误。我曾经问一个家长，在孩子们的玩伴聚会上我该给她的孩子吃什么。她回答说："不知道。他特别挑食，简直不可理喻。都是我的错，在他小时候我太惯着他了。"我太喜欢她这样说了。

那么有些人为什么拒绝承认自己的错误呢？其实很多人都这样。我那个老板之所以与众不同，是因为他很自信。他知道自己已经从错误中吸取了教训，还知道他的判断力很可靠，因此能够承受自己有薄弱环节这一事实。正因为知道自己在其他方面无懈可击，他才无惧于承认自己曾犯过错。那些讨厌承认错误的人一般都不够自信，害怕别人认为他们真的愚蠢、没经验、缺乏理性，或者认为他们在其他时候也经常出错。

但是，如果我们不能承认错误，别人就会觉得我们过于敏感。不勇于承认错误会剥夺让我们看上去有人情味、谦虚、大度的机会。这本身难道不也是个错误？

我并不是在倡导你向家人、同事甚至全世界广而告之自己犯的每个小错误或每次失误。不过偶尔——尤其是当你发现自己为了不坦白错误而准备绕圈子的时候——你只需想一想并坦然地承认说："真不知道我当时是怎么想的，瞧瞧我都做了什么。"

————

如果我们不能承认错误，别人就会觉得我们过于敏感。

法则
059

要宽容

以前曾经跟我共事的一个同事总是在工位上放声高歌，而我们俩在一个办公室。他是个很友好的人，总是快快乐乐的（所以才会唱歌），可这却让我抓狂。我发现我很难专心工作。当我试图跟他讨论这一点时，他完全无法从我的角度看问题。他认为我应该开心起来，享受他的歌声。

好吧，他本可以做出更有同理心的反应，不过他确实有点道理。因为，多年以来我发现，在讨厌别人这件事上，最大的问题是我自己，是我的反应。如果有人喜欢在工位上唱歌，或喜欢吹牛，或爱讽刺别人，或滔滔不绝地讲话，或从不拒绝孩子的请求，我就会感觉很恼火。这时我有两个选项，以前我总是选择错误的那个（现在好一些了）。

第一个选项（也就是错误的那个）是斗争——巴不得他们能停下来，并且不停地抱怨他们。如果你有这些反应，就会一直烦躁不安，等待对方再次做那件讨人嫌的事情。你会一直密切留意对方的举动，就为了能在心里对自己证实："瞧见没？我跟你说过这有多气人……"这毫无意义。其效果是破坏你和对方的关系，因为你会忍不住在某种程度上表现出对对方行为的厌恶，无论你表现得是否明显。

那么另一个选项呢？非常简单，你得接受这一点，即这个人有个烦人的习惯，而你无法改变它，唯一能改变的是你自己。所以，不要再斗争了。现在你可以真正开始应对自己对这个恼人行为的反应了。首先，你可以想想对方为什么要这样做，并尝试着跟他们共情。你还可以只看积极的一面，比如，我那位唱歌的同事总是快快乐乐的（以一种让人抓狂的方式），但这其实可能比跟一个总不开心、不停抱怨的人同在一个办公室要好。

既然不再斗争了，你就可以想想这其中是不是也有你的原因。是不是别人也都像你一样觉得他讨厌？如果不是，那就是对方身上的某一点让你心烦。比如，我看不惯做事情慢的人，因为我没耐心。这其实是我的问题，不是别人的问题。

一旦接受了这个烦人的习惯，你还可以做另一件事：减少恼火的次数。我其实可以戴上耳塞，或者听音乐，或者把最需要集中注意力做的工作安排在我的同事不在办公室的时候做。

我和我的妻子有几个共同的朋友。在和他们见面后，我和妻子会聊一聊，看谁发现了他们身上最让人讨厌的习惯（比如，惯孩子或当众让自己的伴侣下不来台）。我俩发现，当我们像这样交流对朋友的看法时，不仅让他们那个气人的习惯变得很有趣（而不是令人恼火），而且我们甚至都有点希望他们这样做（我不建议你和一大群人说别人的坏话，要保证私密，仅限于和你的伴侣或密友之间）。

只有接受了这个问题且不再纠结，所有这些改善它的方法才会有意义。还有一个最佳选项（很难掌握，但非常值得一试），那就是不计较（我的意思是当真不计较，而不是带着一种道德优越发现自己不计较。我们都这么干过）。

———

你唯一能改变的是你自己。

法则
060

建立个人关系

　　我们都倾向于喜欢、信任那些被我们视为"同类"的人，这是因为我们知道自己和他们有共同点。一般来说，我们跟家人和亲密的朋友都能产生默契，但对于那些你无法选择的人[⊖]（同事、校门口的其他家长、有过一面之交的人、客户、邻居、兄弟媳妇的姨妈），你可能得下点功夫。

　　不过，跟这些人搞好关系是值得的。这绝不仅仅是为了做到一团和气，还因为有时候你会希望这些人能站在你这边。所以，你要向他们证明你是他们中的一员，只有这样才能奏效——你要和他们有相同的喜好、相同的烦恼，要和他们来自世界的同一个地方，喜欢同样的电影。

　　我并不是建议你假装成他们的同类。即使没有道德方面的考虑，这也行不通。他们能看穿你的伪装，这会让他们愈发不信任你。不过，人与人之间都有共同点，你只需找到这个共同点即可。

　　⊖　好吧，有时候家人可能也归属此类。

有时候你甚至都不用太费力地寻找。比如，你可以从对方穿的衣服看出他们最喜爱哪个足球队或有什么爱好。再比如，他们的墙上可能钉着一张海报，你要做的便是评论一下："你是曼联的球迷？我是切尔西的球迷。你看了上周六的比赛吗？"你们的联系就此开始了。不过，不要每次遇到他们都提这一点，会招人烦，只要偶尔点一下以提醒对方你们之间有共同点就好。

当然，这个共同点并不总是那么明显。有时候你得做点功课。不过，如果你问对方一些关于他们自己的问题，并认真倾听他们的回答，那么，根据我的经验，你总会有所发现。对我来说，最佳话题往往是孩子（我的几个孩子年龄跨度很大，所以我既能跟一些父母产生共鸣，也能跟一些祖父母产生共鸣）。而有些人则有一种本能，可以找到老爷车车友、园艺爱好者或《指环王》影迷。

不停地找，直到有所发现。如果他们去接学游泳的孩子，就说你有个孩子也喜爱游泳。如果他们提到下周因为去度假可能不在，就问问他们去哪里度假，很可能你也喜欢这个地方。

从一个之前一点儿也不熟的人身上找到某种联系的感觉很棒。所以，一定要让这种联系持续下去，并让对方知道你重视这种联系。不要总是翻来覆去地说同一件事——就像一张坏了的唱片那样，而是要时不时地提一下，然后在此基础上进一步发展你们的关系。你偶尔要与对方进行几次私下交流，不是为了排斥别人，而是要让对方感觉到你并不是和每一个人都有同样的联系——你的确没有。

总之，要尽可能地跟每个人建立这样的联系，不过具体做法要因人而异。如此，你就可以把熟人变成朋友，这岂不是锦上添花？

从一个之前一点儿也不熟的人身上找到
某种联系的感觉很棒。

法则
061

|

展现出最适合的一面

　　这条法则和上一条法则一样，讲的是要有同理心。人是社会性动物，每个人都想和他人建立联系。你越是能做到这一点，就越能让更多人站在你这边。无论你是想请人帮忙、做成一笔生意，还是推动社会变革、达成协议，或是让人在你的请愿书上签字、安排搭车排班，或是礼貌地请邻居不要让他家的狗进入你家前院，你对对方越有同理心，成功的可能性就越大。

　　这条法则可能有点难度，只有在熟悉它之后才能理解它。有些人凭直觉就能做到这一点（如果你是其中之一，那么你很幸运），甚至自己都意识不到，而大多数人则必须刻意下功夫去做——至少在养成习惯之前要这样。

　　我的一个同事在这方面简直太有才了。我们的客户来自各个阶层，有着各种背景。我这位同事在和每一位客户交谈时，都会巧妙地变换讲话方式。也不是什么大的变化（大多数人可能从来不曾注意到），可她会对这一位客户略微正式一点，对那一位客户更亲切一点，时而更恭敬，时而保持距离，时而更健谈。最关键的是，她的每一种态度都不是装出来的（这就是为什么要花点时间来掌握）。她不是骨子里很高冷，只是偶尔装出健谈的样子的人；也不是骨子里很有江湖气，却装出一副谦恭样子的人。她的每一种态度都是她的真实自我的不同方面，她只是对碰到的每个人展现出最适合的一面。

要做到这一点，我们在行为上要讲求奥妙，比如选择一种特定的称呼方式，或是选择一个合适的词语，变换一下。我们都说脏话，对吧？事实上，你说的最脏的字眼可能要比别人说的脏话干净很多，但对你来说，它仍然是脏话（无论听到的人觉得它是多么温和）。现在，想一想你和最好的朋友、伴侣或任何一个能让你保持本色的人在一起时说过的最难听的话。你再想出一个人，在这个人面前你永远不会说这句难听的话。

对，我说的就是这个。你还是你，但你会在一个人面前说那句难听的话，在另一个人面前却不会说。这条法则讲的就是对不同的人展现你的不同一面。你可能用先生或女士称呼某个人，对另一个人则直呼其名——尽管你和他们的关系都相同，因为你知道 A 喜欢受到尊重，而 B 则喜欢平等的感觉。

如果你对与你打交道的人的讲话和行为方式、使用的语句和他们的态度保持敏感的话，你就能调整自己的行为，使之与他们的行为相和谐。他们会很感激你这样做，即使他们自己并未意识到。

———————

大多数人则必须刻意下功夫去
做——至少在养成习惯之前要这样。

法则
062

人们通常会认同自己的想法

如果你按对方的方式做事，他们就更有可能支持你。我知道这一点对你并不总是有效，但认识到这一点很重要。一旦某个人提出了（甚至公开支持）某个想法，其他人就很难再去反对，因为这会让那个人丢面子，所以接受这个想法是符合提议者的利益的。

有时候，你会欣赏别人的想法，觉得自己被它打动了、说服了，很愿意按他们的方式来做事情。而有时候，你却发现自己跟某个人争执不下，如果你不管不顾地推动你的想法，对方压根不会合作，甚至可能会试图搞破坏，从而证明你的想法是错误的。

这里有几个应对方法。大多数人都会忽视的一点是对方可能是正确的，或者说至少他们可能不会比你更不正确（大多数事情都不止一种好的处理方式）。所以，为什么你不按照他们的方式去做呢？如果你想去海边度假以放空自己，而你的伴侣想租条窄船去运河上划一个星期，也许这次你该让她去挑选度假方式。你们可以商定下次由你来选择。再说，也许划窄船比你想的要更有趣。

当然，另一个应对方法是，如果你真的确定自己是对的，就要竭尽全力说服他们，让他们接受你的想法。你要向他们说明这不光符合你的利益，也符合他们的利益，比如可以减少工作量，或者让他们更有面子，或者是一次有刺激的挑战，或者给了他们一个在特定的团队工作的机会，或者会让高层注意到他们。即使你很权威，可以把想法强加给别人，但让他们心甘情愿地接受会更有效。

每个项目都有两个部分：目的，以及你选择的达到目的的路径。假如你坚持认为你的想法是唯一能行得通的，你也有权将其强加给你的团队、家庭、俱乐部的其他成员、孩子或朋友，但至少要给他们一个机会来决定你们将如何共同实现它。如果你的团队中的一些人认为在某个贸易展上参展并非明智之举，但你不想改变主意——因为你知道自己是对的，那就让他们负责展台展示，然后放手让他们去干。我的意思是，你要得体地退后，不要去干涉，只有在他们需要你支持的时候才出现。好吧，也许他们干不好这类事情。如果是这样，就把全部后勤工作或前期推广工作交给他们（你会想出来一些事情的）。最关键的是，你让他们接受了你的想法，让他们认为做好这件事会给自己增添光彩。作为一个好的法则玩家，如果一切顺利，你一定会表彰他们。在整个展览大获成功的时候，你可千万不能说："看，我说的对吧！"

每个项目都有两个部分：目的，
以及你选择的达到目的的路径。

法则
063

将自己的想法归功于别人

这是另一个让人站在你这边的好办法。我在上一条法则中说过，人通常认同自己的想法，所以你得接受并好好利用这一点。如果细说，这条法则可以理解为人总是会接受他们认为是自己想出来的想法。因此，从逻辑上讲，只要你能让别人相信那是他们的想法，就应该能让他接受几乎任何想法。

如果这个方法奏效，那么每个人都是赢家，皆大欢喜。你很高兴，因为你的想法被采纳了；对方也很高兴，因为在他们看来，他们的想法被采纳了。还有什么不满意的呢？

不过，要指出的是，这个策略比较微妙，而且在计划的早期阶段使用效果最好。如果你认为你可以在和某人因为想法不同而大吵特吵后，突然说服他们其实你的想法就是他们的想法，那就太不现实了。这个策略侧重的是在早期识别出那些可能反对你的人，然后在一开始就把他们拉到你这边。这种做事方式永远是最让人开心的。

我认识一位校董会主席，她非常认可这个方法，觉得它很有效。作为一个非执行性角色，她的工作就是协调各色人等，让他们达成共识。如果校董会不团结，对学校的高级管理层来说就是个灾难。因此，当她知道其中一个董事可能会抵制校董会做出的战略性决策时，她就会采取这种策略。

　　那么具体该怎么做呢？一言以蔽之，归功。一旦你把某个想法归功于某人（最好是当着其他人的面），他就很难说"这不是我的想法"，如果他自己也不能完全确定这是不是他的想法，就更容易成功。在这方面千万不能采取简单粗暴的方式，你得让对方相信这真的是他们的主意。

　　因此，要注意听对方说的每句话，瞅准时机扭转局势。假设学校正在考虑扩招，某位天生厌恶变化的董事说："扩大招生会把这个地方搞得不像中学，倒像是一所大学。"你可以回应说："我非常同意，实际上，随着我们的学生年龄的增长，他们的确需要扩大视野，为大学做准备。这是一个非常好的观点，谢谢你。"

　　另一种办法是对对方说："真有趣，正是你上周提出的那个观点让我意识到……这是一个多么好的主意。"你也可以说："这真是一个好主意，如果我们也……怎么样？"你不能逼别人说你想说的话，但可以把他们说的东西包装成你希望他们能接受的东西。

　　要小心，要含蓄。记住：只有在对方对自己感觉良好的前提下，这个法则才会奏效。

———————

　　一旦你把某个想法归功于某人，
　他就很难说"这不是我的想法"。

|

不要直指对方的过错
（即使他们真的错了）

当人们犹豫不决的时候，你可以直截了当地把他们争取过来。只要你是对的，说服他们接受你应该不会太难。但是，如果对方坚决站在你的对立面、跟你势不两立，那该怎么办？

首先，正像我们在前几条法则中看到的那样，你要考虑对方有没有可能是对的。但是，如果他们不对呢？如果你能百分之百肯定他们错了，需要劝说他们（以及小组中的其他人）接受你的思维方式，该怎么做？我们都知道，要想让你的计划、项目、方案或想法得以实施，就得让每个人都支持你。可是，直指对方的过错通常达不到这个效果。

现在的情况是，你知道他们错了，[⊖]可你的目的不是要让他们感觉自己很愚蠢，而是获得他们的支持，尽管你表达了跟他们相反的意见。如果你直言不讳，是不能指望达到目的的，但你也不必使劲兜圈子，委婉地表达出你的意见就好。

⊖ 这里我完全信任你。如果你说他们错了，他们就是错了。

你不妨从他们的角度考虑这个问题。如果你直接提出异议，他们会面临两个选择：退让或拒不让步。如果退让，他们可能还是会被动地对抗你，这其实和顽固抵抗没什么区别。你并不想看到这种情况发生，对吧？那么你就要给他们更多选择，小心翼翼地靠近他们，然后轻轻地将他们引向一个更好的方向。

有很多法则都教你如何劝说别人，可你现在面临的最紧迫的问题是如何在不说"你错了"的前提下指出他们的错误？

你必须要找到一种方法，挑明你是站在另一边的，同时又不会让他们生气；要给他们一个台阶下，让他们承认你的观点合理，又不至于丢面子。你可以从一些简单的表达开始，要注意措辞，既要表达异议，又要让对方感觉你想跟他们合作，而不是争斗。以下是一些不会激化局势的说法：

- "这不对。"（很简单，但又比"这是错的"要高明得多。）很多人喜欢把话说得更柔和一点："这不可能对，对吧？""我觉得这不对。""我不能肯定这是对的。"
- "我不同意你的看法。"（这样强调的就是你不同意，而不是他们错了。）
- "我持不同意见。"或者"我不这么看。"
- "事实好像是另外一回事。"
- "有一点你是对的。"（找到一个双方看法一致的微小的点，然后再提出自己的观点。）

当然，在讲这些话时，你要注意语气，一定要与措辞相匹配，不能因为犹豫或紧张导致无法清楚地表达你的观点，也不能给人咄咄逼人或高高在上的感觉。你要坚定，同时还要安抚对方。掌握了这一点，你就能在很大程度上化解争论，并给出一个让对方改变立场的路径。

小心翼翼地靠近他们，然后轻轻地
将他们引向一个更好的方向。

法则
065

|

让他们合作

　　无论是工作中的团队、你加入的俱乐部或协会、你的家庭还是邻里组织，都需要合作精神。如果每个人都能积极配合，团队的氛围就会很好，就能让大家同心协力。团队合作的定义就是一群人为实现共同的目标而努力。如果你在职场处于底层，那么你实现这一点的能力也许很有限。不过，只要你承担某个管理职责，就可以将其付诸实践。同时，你还可以在家庭和任何你所参与的工作以外的团队中践行合作。

　　让每个人都合作的有用策略有很多，不过最关键的一个非常简单，即设定集体目标而非个人目标，进行集体奖励。整个团队都要表现出色，这样整个团队都会得到奖励。当然，也要有对个人进行表彰和奖励的空间（只要不导致团队内部的竞争），但重点应该放在集体努力上。

　　一旦每个人都领会了这个中心思想，让他们每天通力合作就容易多了。这个思路合乎逻辑，所以你要做的便是鼓励他们合作。

下面几个方法可以帮助你做到这一点：

- 要让每个人都参与到重要决策中。
- 团队角色配置要灵活——重要的是要发挥每个人的长处。
- 要以身作则，与团队内其他人分享荣誉、奖励和有趣的任务。不要抢风头。
- 鼓励大家分享知识，以便了解彼此在团队中的位置。
- 不要因为有人提出糟糕的想法或建议而对他们说三道四。要向大家表明，所有想法都是受欢迎的。（是的，我知道有些想法很愚蠢，你不必采纳，但这个人的下一个想法可能是天才之作，只是如果上一个想法让他们感觉自惭形秽，他们可能就再也不会提建议了。）

　　如果你管理的团队还可以细化，就让大家自由结组。这个细化小组可能是你们当地游泳俱乐部的训练小组，或是承担家务的家庭成员小组，或是某个大项目中的小组。事实就是，如果人们能和想合作的人合作，就会更开心、更有合作精神。当然，每个人都是独特的，而有些人总是无意中惹火别人，无论你在主持工作时多会激励人，多有协作意识，你都无法阻止这种情况发生。不过，你依然可以让团队在整体上协作。其实，如果细化小组的氛围很好，合作要容易得多。而且，如果大家都想干好工作，在结成小组时就会注意其可行性。他们知道自己的团队需要什么人，比如一个组织者或一个懂编程的人。如果让大家自行决定，真想把事情做好的人就不会只选择跟好伙伴在一组。你要信任他们，这样他们每一次都会把自己分成富有成效的小组，而且工作起来会更开心。

设定集体目标而非个人目标。

法则
066

有人情味

　　当你处于权威地位时，就会禁不住想表现出能掌控一切的样子，毕竟你想获得尊重。所以，尽管你可能是一个非常仁慈的全知全能的人，但你依然喜欢看到自己一直掌控一切的样子，不管这种掌控是多么和风细雨。

　　这有点吓人，对吧？如果你是一个无所不知的经理、老师、父亲或某个领域内的专家，你就不会是一个让别人感到放松的人。说得更直白些，你不会是一个让别人感觉需要他们来支持的人。很显然，即便没有他们，你也可以独当一面，那他们还可能给你带来什么呢？

　　就在前几天，我碰到过一个这样的人。她很清楚自己在做什么，为什么要做这件事，以及需要什么和目标是什么。她一手把持着她那个关于如何培养人和如何认真倾听的项目。她实在太可怕了，我不太喜欢她。如果她说需要我的帮助，我不会相信。她不需要任何人的帮助。

可是你知道，你确实需要别人的支持。如果得不到支持，你的很多项目都不会成功，很多争论都不会赢，很多工作都完不成。所以，不要表现得不需要任何人、任何事，这不明智。

当然，你还可能走另一个极端。正是出于这个原因，我们大多数人都想让自己看起来特别独立。千万不能看起来不自信、掌控不了局面，这不是什么好事——你这么想很对。你的这种表现的确没法激发别人对你的信心。如果你是个领导（无论是哪个级别的），必须要让手下知道他们能够信任你，你也会照顾他们，以及你知道自己在做什么，这很重要。

所以，你要求得平衡：不能太软弱，看起来一副力不从心样子；但也不要给人一种"完美"领导的感觉——从不出错，毫无瑕疵，永远掌控。无论你是老板、父母、当地某个组织的主席还是担任别的什么角色，这条法则都适用。看看你周围那些优秀的某个领域的领导者，他们的确赢得了信任和尊重，但他们也会表现得很有人情味。

所以，你要表现出有人情味的一面。不妨偶尔自黑一下。如果你是经理，可以偶尔谈谈自己的家庭，或者把孩子的照片放在办公桌上；你也偶尔可以请人帮个忙，不是什么特别大的事，也不是很难的事，只要能表明你并非一直完全掌控就行。你要让对方知道你需要他们的帮助，以使一切顺利运转。不要做高高在上的人，要做能力高强的人。

不要表现得不需要任何人、任何事，这不明智。

法则
067

分 享

　　我有个一起长大的朋友，他的妈妈似乎认为当父母的应该就发生的事情对孩子守口如瓶，所以不到必要的时候，她从不告诉他发生了什么。她在很多方面都是一位了不起的妈妈——有耐心、风趣、慈祥，可是她总是在最后一分钟冷不防地告知我的朋友一些事情，或是背着他安排一些事情，这让他很抓狂。当他渐渐长大一些后，她会让他帮着做家务。如果是做什么不寻常的事，他往往会问她为什么要做这些（"咱们为什么把桌子搬出厨房？""这么晚让我买鸡蛋干什么？"），可她却守口如瓶。她有很多说法，例如"你不知道的事情就不会伤害到你"，或者"好奇害死猫"。

　　久而久之，我的朋友就感觉自己并不是这个家庭中的一员。这一方面让他感到好笑，另一方面他又感觉自己被排斥在外。而且，他通常最后总能搞清楚发生了什么事情。他往往能想出一些妙计来把这些事情做得更好，可为时已晚。

明白了吧。人们希望有参与感和被接纳感。如果人们知道自己的努力是为了达到什么目的，他们的工作就会更有成效；如果他们不知道你想干什么，就不知该如何帮你把事情做得更好。想想看，如果一个人根本不知道你的立场是什么，如何能站在你这边呢？

你肯定不像我朋友的妈妈那样爱隐瞒事情。在一定程度上，她是她那个年代的产物。另外一个原因是，当孩子还小的时候，父母很容易把他们排除在外，结果等孩子长大一些后，父母却忘记改正，依然习惯性地这么做，但对朋友、同事或家中的其他人，这些父母就不会这样做。我们都很容易掉进这个陷阱，至少在某种程度上是这样的。或许你觉得自己干会更快，或许你觉得没必要让每个人都知道发生了什么，或许你认为如果对方不知道这件事也就无法干涉（或拒绝）。

可是，如果你不分享，其他人就不会产生同舟共济的感觉。即使他们并不需要这些信息，但仍然需要成为群体中的一员，而这意味着你要与他们分享信息。

而且，不仅是信息。如果你们都是团队的一部分，要共同合作，就需要分享其他东西，比如知识、控制权、权力、功劳。分享可能很可怕，但不分享的风险更高。

无论你是在安排一个家庭周年纪念日，还是管理一个重要的销售团队，抑或组织一个地方性活动，都需要让其他人参与进来，从而激励他们。他们也想成为行动中的一分子。他们想知道自己在大局中的位置，想知道如果努力工作会不会得到一份荣誉，想有影响力。只有跟他们分享你的一切，所有这些才有可能。而且，

这样的话，你就能从他们的努力工作、善意和承诺中获得一份
回报。

————————

你需要让其他人参与进来，

从而激励他们。

法则
068

恰到好处地致谢

我们都喜欢得到别人的感谢，这是个不争的事实。不仅如此，如果一个人为你做了什么，你感谢了他们，那么他们下次就想为你做到最好。毕竟，这让他们确定自己的努力被注意到了，自己的贡献得到了重视。因此，感谢让你们双方都成为赢家——你从对方那里得到了你需要的东西，而对方也产生了良好的自我感觉。

但是，感谢别人是一门艺术。尽管感谢比不感谢要好，但表达感谢的方式有很多种，它们之间有着细微的差别，而找到最好的感谢方式是需要真正的技巧的。

首先，你要掌握好分寸。一旦你用心考虑怎么感谢，就不难做到这一点；但如果你漫不经心，不把感谢当回事，就很容易出错。感谢既不能过头，也不能不足。如果别人只是做了相对比较小的贡献，你却大张旗鼓地表示感谢，这会让对方很尴尬。同样，如果别人为你付出了巨大的努力，放弃了大量的空闲时间，你也不能低估他们对你的帮助，不能只是在离开房间时不经意地喊一句："哦，顺便说一句，谢谢……"

在说谢谢之前，你要想清楚一个问题：他们做了什么呢？当然，你也没必要在别人每次给你泡杯茶后都仔细分析该如何感谢他们。但是，当他们辛辛苦苦地做某个项目，或者帮你安排婚礼，或者连续几天听你抱怨，或者花几个小时为你搜集材料的时候，你需要好好筹划该怎么表达你对他们的感谢。

这就是真正有价值的感谢的核心所在：要让对方清楚地知道你在感谢他们什么。超级有耐心？牺牲掉那么多夜晚？体贴入微？善意？临危不乱？你要用语言告诉对方——永远不要假设他们知道。是的，他们知道自己做了什么，但他们不知道你重视的是什么，除非你告诉他们。说或者写，但要表达出来。

接下来，你要想想该如何感谢。这不仅要看对方做了什么，还要看他是什么样的人。有些人更喜欢你私底下感谢他们，有些人喜欢你送他们礼物，有些人喜欢措辞讲究的致谢卡片，还有些人则希望得到公开的感谢。不要漫不经心地把一瓶酒送给一个滴酒不沾的人，或是把一束百合花送给一个对花粉过敏的人，或是为一个不喜欢惊喜的人举办一个惊喜派对。

意外的感谢胜过常规的感谢。意料之外的一张纸条、一件小礼物或一个特别的致谢电话要比那些标准化的感谢（比如在校音乐会结束时感谢指挥）有价值得多。这意味着如果你准备感谢一个为你付出很多的人，想让对方感觉自己得到了恰当的感谢的话，就真得好好想想仅仅泛泛地感谢一下是否合适。既然必须要感谢，就要做足功课，让自己的感谢听起来真诚一些。要尽可能地具体、个人化，好让对方知道你真的注意到了他们为你做的事情。

他们知道自己做了什么，
但他们不知道你重视的是什么，
除非你告诉他们。

法则
069

深入了解一个人

是的，赞赏对每个人都很重要。可是，还有什么能激励别人，以及鼓励他们一次又一次地做到最好？是什么值得让你的同事在你不在办公室的时候为你打掩护、让你的朋友花时间为你看孩子、让你的叔叔向你传授关于自由职业者该如何记账的基本知识、让图书管理员记得把你最喜爱的图书收到柜台下面以方便你下次借阅？

所以，你得深入了解一个人，了解是什么在驱动他们，是什么给了他们动力。每个人都是独特的，这让事情变得复杂，但也让事情变得有趣。就我个人而言，我很喜欢琢磨如何让一个人有更强的自我认同感，这对我是个有益的挑战。我的一位同事每次参加会议时都要搞事情，但只要她感觉到自己的重要性，就会很好打交道——这就是她的动力。我们要做的就是指出她的贡献有多大，或是她的贡献将给出色完成任务带来多大的不同。这并不难，而且事实也的确如此。只要她觉得自己举足轻重，就会乐于出力。

　　当然，我也认识一些受金钱驱动的人，但以此为主要动力的人比你想的要少得多。有些人想要的是地位，他们会为了一个头衔做任何事情。还有些人想要的是工作上的满意度。另外一个很常见的动力是获得认可，这和获得赞赏相似，但不完全是一回事——想获得认可的人需要知道你注意到了他们，而且往往其他人也注意到了。

　　不少人想要承担责任，视其高于一切。到适当的时候，他们可能也想要随之而来的金钱和地位，但这些不是最关键的。他们真正想要的是被委以重任的感觉。他们想向你（也许是向他们自己）证明，他们足以胜任比以前更重要的工作，管理比以前层级更高的人。

　　大多数人的动力都不止一个，但其中的某个动力一般会比其他的更强大。有一个动力常常与责任联系在一起，但又绝非同一回事，那就是挑战。有些人很容易厌倦，除非你给他们机会来做一些更具挑战性的事情。如果你想让他们支持你，就得给他们布置一些新鲜有趣的任务。

　　这些年我遇到的一些人（有的是在工作中遇到的，有的是朋友、家人和熟人）的主要驱动力都是自由。他们希望别人给他们一个目标，然后放手让他们去做（其实想一想，我自己也是这样的人）。对这些人来说，自主权至关重要，无论他们是独自运作还是管理自己的团队，只要你能马上退后，把一切交给他们打理，他们就会很愿意与你合作。他们往往精通业务，但如果他们的业务能力不强，可能有些难办，不过这个问题也能解决，那就是给他们一些在他们的能力范围内的项目，或者设定非常清晰的边界。

瞧，激励一个人并不难，只要你能找到那些能让他们早上从床上爬起来的动力。你只需思考一下就已经成功了一半。

_____

我很喜欢琢磨如何让一个人
有更强的自我认同感。

法则
070

提出建设性意见

如果你批评别人，就不容易获得对方的支持，这意味着你需要特别注意批评的方式，这样才不会失去对方对你的好感。首先，你要确定是否真有必要批评别人。有的人特别喜欢批评人，这并不是因为他们身边的人能力不行，而是因为他们喜欢找茬，或是喜欢揪住小事不放，或是只能接受按他们的方式去做事，或是喜欢控制别人。作为一个法则玩家，你不会是这样的人。

在批评别人前，你要考虑一下大局。有些时候，纠正别人的错误肯定是明智的，这可以教给对方一个更好的方法，让他们受益；但有些时候，保持沉默则是上策。即使你的观点很有价值，可能也没到当时非提不可的份上。比如，在一个演员的首演之夜，你就不能在他上台前五分钟批评他的表演，也许第二天再提意见比较合适，这样他们就有时间在下次表演前消化你的意见。

这让我想到另一点，即对对方无法改变的事情提出批评是徒劳的。事实上，比徒劳还糟糕，它会适得其反。所以，不要奉劝你的演员朋友不适合演这个角色，因为他的年龄太大了。同样，如果某个人今天晚些时候要做一个重要展示，不要劝他将展示材料推倒重来。如果放在一个月前，这也许是个不错的建议，可现在却于事无补。如果对方已经无力改变，你就不要发表意见。

如果你确定批评某人是有益的，而且时机也合适，就要尽可能提出建设性意见，而不是一味地批评，惹对方不快。如果你让对方感觉不痛快，他们就可能会恨你，对你的意见比较反感。这样一来，你不仅可能得不到他们的支持，而且他们也可能根本不会将你的建议付诸实践。如果真这样，你将一无所获。

不过，在如何提意见方面，有一个不错的通用法则，那就是在提出任何负面评价前，先提出一个正面评价，然后再以一个正面评价结束。比如，你可以说："我认为你的基本商业模式很棒。财务数据可以做得更细一些，特别是现金流预测……"然后，你可以用另一个正面评价来结束："显然你对客户画像有很好的把握。"你提的意见要尽可能地具体，否则就没有什么实际的帮助。所以，你要解释一下在财务规划方面还需要增加哪些细节，以及为什么要增加这些细节。

尽管我们都希望自己的展示、新业务或绩效能做得尽善尽美，但没人喜欢挨批评。所以，最好的办法就是让正面评价个人化（这一点你做得很好，那一点你做得很出色），但涉及负面评价时不要针对个人。你不要说"你说得大声点"，而是说"坐在后面有时候听不到"；不要说"你的报告做得很糟糕"，而是说"还可以再花些时间美化一下报告的外观，最好只用一种字体……"。你要让对方感觉你提出了一些正面的反馈和实用的建议，而不是让他们感觉备受折磨。

如果对方已经无力改变，
你就不要发表意见。

法则
071

用认可来代替赞同

有时候我会跟我的妈妈发生争执，尽管我并不想这样。争执的开端往往是她抱怨某人或某事，而我却觉得她没道理。比如，她会因为不得不在邮局排队"几个小时"而感到恼火。我觉得她这么说对排在她前面的人不公平，因为他们可能上了年纪，所以花的时间长些，他们需要得到别人的帮助和理解。我会以一种我认为是闲聊的方式跟她交流，可她听到后就会以某种方式跟我争论（邮局应该配备更多的工作人员、应该设置一个快速服务队列、她去的时候并不是高峰时间段、排在她前面的都是年轻人等），我们不知不觉地就吵了起来。我一直都没太搞明白我是怎么卷入这场争吵的（我并不想跟她吵），而摆脱这场争吵似乎很困难。

当然，这种情况并不只发生在我妈妈一个人身上，我应该早些明白这是怎么回事。我总是提出相反观点以保证公平，并试图维持一种平衡，可在她听来，我好像是在批评她。所以，每当我这么做，她就会驳斥我，这就不奇怪了。

我最终恍然大悟，原来只要提出异议，就会引起争论。我只需承认在邮局里等 15 分钟很无聊。事实也的确如此。就邮局排队这件事而言，要想不发生争执，其实相当简单，我只要闭嘴就行了。可是，我就是不同意她的观点怎么办？比如，她可能会对某个邻居的行为不满，可老实说，我觉得邻居那样做完全合理。我不想违心地说那个邻居难缠，这是在说谎。

这就是我的问题——如何不成为一个虚伪的人，同时还能避免争吵？我觉得两头难做人。我真的没办法加入指责无辜的邻居的行列。那么，我是如何摆脱这场争吵的呢？

我来告诉你怎么办。这就要回到那条关于认可别人的感受的法则上。当我的妈妈让我表达对那位邻居的看法时，我并没有评论他，而只是评论了她在情绪上的反应："是的，这让你很生气。"显然，不管怎样，我的妈妈都会生气，但我认可了她的感受就等于是在真心赞同她，我们就不会发生争吵。至于这样做会不会让我生气，这不是问题所在，因为我们并没有在谈论我。

现在，只要有人对某件事不安，而我并不同意他们的观点，我就用这个办法。有趣的是，在这样的交谈中，从没有人（无论是我的妈妈还是其他什么人）问过我个人的观点是什么。在这些时刻，他们总是会陷入自己的情绪中不可自拔，根本想不到我的感受。他们以为我赞同他们，我也感觉很舒服，因为其实我并不赞同。

———————

只要提出异议，就会引起争论。

法则
072

|

让对方赢

要想让别人站到你这边，重要的是谈判。无论你是进行商务谈判，或是安排和兄弟姐妹一起分担照顾上了年纪的父母，或是让老板给你涨工资，或是跟孩子商量入睡时间，还是在跟朋友聚餐后采用 AA 制买单，你都要了解对方的感受，知道是什么会让他们愿意与你合作。好消息是，在与人谈判时，几乎每个人的基本标准都相同。

每个人都想赢。只要让对方占上风，他们就会高兴地同意这场交易。

不过，你好像已经看出这个方法的缺陷了。对，如果对方赢了，你怎么办？嗯，这正是有趣的地方。如果你出牌正确，你也能赢。这应该是你在所有谈判中的目标。事实上，这是唯一可能行得通的结果。

让我们来设想一次简单的商业交易。比如，市场上的某个摊贩正在向顾客出售商品。这是个市场摊位，所以顾客不会按摊贩的要价支付，而是会讨价还价。这就是一场谈判，当然是最基本的那种。我敢说这个场景你并不陌生，一般来说，你们会以一个中间价格成交。那么谁赢了？嗯，当然是你。你以一个你认为合理的价格买下了商品（如果你觉得不值，就会走开）。不过等一等，摊主可以不接受你的价格，也可以拒绝把这件东西卖给你。所以，如果摊主同意成交的话，肯定是他们也感觉自己是个赢家。

而这正是你所追求的，这叫双赢。它不仅适用于商业交易和金钱交易，也适用于你想和朋友、同事、家人、孩子、邻居达成的任何协议。

让我们回到孩子的入睡时间这个问题上。你可以直接跟孩子说已经是晚上八点了，你不想听到任何争论。然而，随着孩子不断长大，在何时上床睡觉这件事上，你可能在不完全放权的前提下愿意听听他们的想法。他们也该学着管理自己的时间了，这对他们是好事。但话又说回来，你不希望这变成一场争吵，随后是置气或叛逆，因为他们觉得在这场争论中你赢了，而他们输了。其实孩子知道你不会让他们在深夜两点上床，他们只是在期待某个边界，它大致与你在他们小时候给他们划定的界限一致。这意味着你们之间真的有可能达成一项让双方都满意的交易——这应该是你的目标。

接下来的几条法则会帮助你对谈判策略进行微调，这样，你就能在各种交易中达到双赢。是的，哪怕是在跟孩子谈判。要了解对方想要什么、思维方式是什么样的，这样双方就更容易合作，而不是对抗。

————

每个人都想赢。

法则
073

让谈判呈现三维

我在上一条法则中提到，在市场摊位上讨价还价是最简单的一种谈判，你们唯一要讨论的是价格。甚至可以说，这根本算不上谈判，因为只有一个可变因素，即价格。要进行真正的谈判，你需要更多的可变因素，我们称其为变量。

在商业谈判中，谈判双方可能不仅要就价格进行谈判，还要就产品质量、交货时间、完成度、售后服务、保修等进行谈判，会有很多变量。它们中的任何一个以及全部都可能会变，直至达到一个大家都满意的点。比如，如果你有较长的交货时间或对方负责产品包装，你就可能会同意以更低的价格出售产品。

如果你能找到合适的变量，你可以对任何类型的谈判做同样的事情。你还可以引入一些对方甚至都没想到的变量——"如果我们找到一个副主席来和你一起分担工作量，或是把每月例会的时间改到星期三以适应你其他的安排，你是否愿意继续担任一年委员会主席？"

至于孩子的入睡时间，你可以随意引入任何变量。如果孩子不喜欢你定的时间，可以不接受，不过更有可能的情况是，孩子明白了要领，开始向你提出他们自己的变量。所以，你可以让他们周末的入睡时间比平时上学期间稍晚一点，或者如果他们及时完成了作业，或者不把多出来的时间花在玩电脑上，或者把房间整理得很干净，或者靠做家务赢得了奖励，这些情况下都可以晚些入睡——这完全取决于你。如果他们就让房间乱糟糟下去，让他们按原定的时间入睡也是可以的。不过他们大概率乐意跟你谈判。

变量是成功交易的关键，因为它们提供了赢得很多小小胜利的机会。这些机会让对方感觉占了上风，同时也把很多其他的小小胜利留给了你。现在你要做的就是找出哪些胜利对他们来说是最重要的，而哪些是你真正需要争取的。当然，这其中的每一个因素都是一个变量，都会有使你们达到双赢的平衡点。孩子们感觉自己赢了，因为他们可以晚半小时入睡；而你也赢了，因为他们现在每天吃完晚饭后都会去洗碗。

为了把这些变量全部填满以给自己创造更多的谈判空间，你可以带到谈判中去的东西其实是无限的。你可以尽情发挥自己的创造力，提出自己的建议。反正对方总是可以拒绝。

———————

找出哪些胜利对他们来说是最重要的，
而哪些是你真正需要争取的。

法则
074

有取有予

现在你有了所有变量，你最好开始移动它们。这时真正的讨价还价就开始了。你要始终牢记一个原则：永远不要只予不取。这是一个不断权衡的过程。如果你的客户向你要求更好的价格，你可以提出给你更长的交付期，或者他们能预先付款，或者你将产品交付到某个中心点后由他们自己负责向其网点配送。

记住，对方只有在感觉要赢的时候才会接受你的条件。从这一点可以推导出，不能指望不付出就能得到，想都不要想。相反，你要让对方对整个交易的感觉尽可能地好，这样他们才不会一走了之，而且将来还会很乐意跟你打交道。所以，如果对方能预先付款，你可以主动提出快速发货，或者提出在他们降低规格的情况下你可以降低价格。

这种平衡感是贯穿所有谈判的重要主题。你的付出很重要，但不应该付出太多以至于让人感觉你很好糊弄。你可不想有这样的名声。你要让对方（以及他们会告诉的人）知道，提出无理的要求是没有意义的，因为糊弄不了你。不过，如果对方公平地对待你，你就会是个愉快的、讲求实际的、积极的生意伙伴。

所以，不管对方要求什么，绝对不能说"好的"，要说"好的，如果……"。如果你弟弟问你能否带年迈的父亲去看医生，不要直接说"好的"，要说："好的，如果你愿意承担父亲的家务。"如果你的同事想让你帮他们写展示文稿（因为这是你的强项之一），你可以说："好的，如果你们在我下个月度假的时候能帮我照应一下我的客户。"

有一点要特别指出，并非所有的谈判都是显而易见的。如果你要参加一次大型商务会议来讨论一份新合同的条款，你显然知道这是一场谈判，就会进入谈判状态。如果孩子让你更改他们的入睡时间，或是你的弟弟让你带父亲去医院，你就不能很明显地看出你处于谈判之中。

唯一例外的是你发自内心地乐意无偿做某事的时候。这当然很好，我希望我们都能帮别人的忙而不去求任何回报。我的意思不是我们应该总是问自己能得到什么好处。做人要大方，这很重要，但没人愿意被糊弄。你那上了年纪的邻居可能真的需要你帮她每周购物，所以如果你不求任何回报地帮助她，这真是一个善举。但你的同事完全可以自己写展示文稿，所以这时候我就要建议你跟他礼尚往来，这是相当合理的。

做人要大方，这很重要，
但没人愿意被糊弄。

法则
075

知道你们双方各自想要什么

我不希望你在不知道自己的底线的情况下就进入谈判。价格降到某个水平以下你就无法实现盈利、绝不能让孩子晚上九点后睡觉、每周有两个晚上必须要给足球俱乐部，这些都是你的底线。除非你知道怎样算成功，否则你不能确信你会成功地完成谈判。

我认识一个小出版商。当一家大型连锁超市想购买她出版的一本书（买几千册）时，她激动万分。他们开始进行价格谈判，她计算出了一个达成此次交易所需的价格，但无论如何那家超市也不肯付这个价钱。最后她放弃了这笔交易。很多人都认为她疯了，可我觉得她做得太对了，因为这笔交易可能让她破产。如果她不清楚自己的底线是什么，就可能会答应对方，最后犯下巨大的错误。

有时候，了解自己的底线并不太难。你只需在谈判前动脑筋思考一下，并意识到各部分如何环环相扣（比如，如果你能保证对方预先付款，就可能会接受一个较低的价格）。然而，对方也有底线，你也要了解这一点。

如果谈判没有达到对方的最基本要求，他们就会放弃交易。这不是你想要的。你要让这笔交易对对方也有益。所以不要提出对方不可能答应的请求，也不要一再压价，让对方觉得不值得跟你签合同，否则，你会失去他们的善意和这笔交易，而你有可能带着某种程度的反感和厌恶离开，这对你们将来可能进行的任何交易都没有好处。

通常，在讨论的过程中，对方的底线就会显露出来。不过，了解它的最好办法往往是问"你们的底线是什么"这种极其简单的问题。当然，不要指望对方会给你一个直接的回答（这毕竟是谈判），但他们的回答会给你提供重要线索。如果你们足够信任彼此，或是时机恰当，你足可以认为他们的回答是诚实的。比如，如果你就邀请某人出任你们协会的财务主管与其谈条件的时候，当你问他能付出多少时间时，他可能会给你一个真诚的答复。

而且，重要的不仅仅是他们的底线，有时候一些让步对他们也很重要（也许对你来说不算什么）。有些让步可能很重大，比如付款条款；但有些也可能很古怪，比如，有些人可能会意想不到地答应你提出的要求，就为了能换取一张跟你的足球队明星的合影，有人可能希望你能答应带他们参观你的某个建在有异国风情的地方的工厂，还有人可能希望你给他们机会，让他们在总经理面前表现一下自己，甚至还有人想换取他们一直想要的蜘蛛侠睡衣。

除非你知道怎样算成功，
否则你不能确信你会成功地完成谈判。

法则
076

让对方把牌都亮出来

你可以把谈判中的各种变量想象成在一台老式天平上来回移动的砝码，直到天平达到平衡。如果有一个向这边移动，另一个就得向另一边移动，以求得补偿。从某种意义上说，这些都是谈判双方的意愿和欲望，它们互相抗衡，直到双方都觉得这次交易很公平，对此很满意。

一旦一切都谈妥，谈判双方达成一致，这笔交易就算达成了。不过一定要保证在签合同之前，所有变量都是灵活的。

如果对方将价格定死，你以延长最后期限为交换接受了这个价格，那么还没等你们谈好，你就已经将这两个砝码固定在了天平上。因此，当对方提出别的要求时，你就没法再说"是的，但这会让你们花费……"，因为你已经确认了价格。这样做很傻，对不对？所以，在敲定整个交易之前，不要把任何事情说死。你只需说："这个价格是可能的。我们暂时把它放在一边，先讨论一下交货。"

还有一点要当心。假设你们达成了协议，双方在庆祝时你的客户说"顺便说一下，我们想把付款时间从 30 天延长到 60 天"，或是你已经跟孩子谈好了入睡时间，这时孩子突然提出"既然咱们已经约定好了入睡时间，我能不能把手机放在房间里？我所有的朋友都可以……"。[⊖]

该死！这本可以是你的变量，只可惜你已经接受了这笔交易。你现在手里什么都没有了，没法再跟对方做交易，因为你已经把重要的变量全部用光。

人可以很狡猾，特别是当他们想得到某样东西却又没把握能得到它的时候。任何一个精明的谈判者都知道要留一手，这是个法宝。如果你接受了对方提出的条件，手里就没有筹码了，也就无法让对方做更多让步。这样一来，你要么同意对方延长付款时间（或其他什么），要么失去整个交易。对方非常清楚这一点，不管他们怎么假惺惺地谎称这完全是另外一回事。这当然不是另外一回事，对方只是不想把这个问题带入主谈判中，因为他们不想在这个问题上被迫做出任何让步。

若要防止这种情况出现，办法就是在让这个交易板上钉钉前，问对方是否还有什么要讨论、补充、更改、接受或重新安排的。如果对方当时说没有，但稍后又想再提出来，他们就处于非常不利的地位，因为你可以拒绝说："不行，我们已经确定没什么事项要谈的了。交易条款已定。"只要你说得清清楚楚，对方就无可

⊖ 我记得在我十几岁的时候，我在向父母提出的每一个要求中都会加上"我所有的朋友都可以"，这在那时就已成了一种惯例。说这句话时必须要把恳求和不悦拿捏得恰到好处才行。

辩驳。如果他们还有机会再次跟你谈判的话，就知道不要跟你玩套路。

人可以很狡猾，特别是当他们想得到某样东西
却又没把握能得到它的时候。

法则
077

让对方脱身

谈判的整个过程并不仅仅发生在谈判桌上，对方的感受也很重要。没人喜欢丢脸，这滋味可不好受，所以，有时候人们会因为自己的某种感受而拒不让步，不管谈判桌上的交易可行与否。如果你想达成一笔满意的交易，并完好地维持住你们之间积极的关系，就必须照顾对方的感受。

这时双赢这个办法就要发挥威力了。有时候你得说服对方，让他们认识到自己已经赢了，或是认识到赢得交易的某个部分与赢得整个谈判同等重要。因此你要时刻小心，千万不能让对方丢面子，否则他们就会忍不住放弃交易——可能是因为对某个事项做出了让步而感到难堪，甚至可能只是想让你难受。

这很好地证明了前几条法则所讲的一个观点，即要了解对方想要什么。这有助于你发现你们之间的一些潜在分歧。当然，你可以在这些方面做出让步——如果你能做到的话，以换取对方做出对你很重要的让步。但有时候，这并不可行。

假设你的女儿想把睡觉时间定在晚上九点半。她所有的朋友都是在这个时间上床睡觉的。你的态度很坚决：睡觉时间绝对不能超过九点。其实，你的女儿介意的是她不得不告诉朋友自己比她们睡觉早（别问我，我也不知道她为什么相信朋友的话，我猜是她愿意吧）。所以，如果你想让她同意在九点上床睡觉，就得给她找一个能让她开心地告诉朋友们的好事情，好让她在朋友们面前有面子："我必须在九点上床，但是……"好了，现在你可以尽情发挥了。你可以让女儿晚上九点睡觉，但是节假日的时候可以延长到晚上十点半，还可以找一样完全不相干的事（九点睡觉，但是可以把卧室重新装饰一下；九点睡觉，但是零花钱可以多一些；九点睡觉，但是周六的上网时间可以多一些——如果一整个星期都能准时睡觉）。

商业交易也一样。对方可能答应了自己的老板，会在你这里拿到某个价格，但这其实根本不现实，因为你没法按这个价格成交。那么你可以说："我不能降到这个价格，但是我可以延长你的付款期限。"这样，你就给了他跟老板交差的东西，这意味着他不会丢面子。你给了对方一条逃生的路线，所以他感到的是成功，而不是失败。

如果你想达成一笔满意的交易，
并完好地维持住你们之间积极的关系，
就必须照顾对方的感受。

法则
078

永远不要害怕

谈判者的心理非常重要。一笔交易越大，或是越重要，对方就越有可能使出浑身解数来从你这里得到他们想要的东西。这就意味着他们会留意你的任何明显的弱点，无论是合同上的、现实中的弱点，还是财务上的或心理上的弱点。其实我应该指出，这里的"交易越大或越重要"是从对方的视角来看的。在你看来，这或许只是一次平常的交易，但对对方则可能意味着他们这个小企业的未来。你可能对孩子的睡觉时间很满意，但孩子却很在意。

反过来看，达成协议也可能对你比对对方更重要。你不能假设对方也像你一样清楚地理解双赢的重要性，即使理解，这对他们可能并没有对你那么重要。假设你是某个大型跨国企业的一个小供应商，现在正在跟这家跨国企业谈判。他们对你的需求程度还不及你对他们的需求程度的一半那么高，所以为何要关心你是否在谈判结束后感到满意？当然，他们也希望这次交易对自己有利，但如果他们不得不去另找一个供应商，也不会因此伤心欲绝。

你不能指望他们会去寻求交易的双赢。

好，让我们再次以你女儿的睡觉时间为例。她只想能得到她想要的，才不会在乎你的感受，因为她知道，无论如何你都会爱她。所以，尽管你有家长的权威，可以把规则强加给她，但她会让你很难受。她会大喊大叫，或者赌气，或者对你进行情感勒索（如果她是个正常的孩子，当她没有退路时，我相信这一切她都会做得得心应手），所以你会被迫做出让步——除非你的意志极其强大。

在所有这些情况下，对方都有可能走开（或盛怒之下拂袖而去），让你比他们更难受。达不成协议可能是他们的备选方案，可是却是你根本没想过的方案。

这时，有一件事你千万不能做，那就是让对方看出你因此感到害怕、担心、焦虑、紧张。如果他们看出自己已经让你非常焦虑，看出对你来说无论达成什么样的协议都好过没有达成协议，你就会受他们摆布。在这种情况下，没人能帮你。他们会随心所欲地提要求，如果你不同意，他们就会威胁着要走开。你不得不答应，或是接受一个其实并不可行的交易。

总会有你非常需要达成协议的时候，你并不是总能避免这种情况。所以，你能做的便是保持冷静、从容不迫的态度，表现出热衷于成交的样子，但准备好一有必要就走开，并不强求。你知道你不会走开，我也知道你不会走开，但不要让对方知道你不会走开。

————————

如果他们看出自己已经让你非常焦虑，看出对你来说无论达成什么样的协议都好过没有达成协议，你就会受他们摆布。

法则
079
|

防止措手不及

　　如果每个人都能始终公平对待别人，那该多好。可惜，大多数人（包括我）有的时候太想得到或太需要某样东西，以致会将自身利益置于他人利益之上，甚至会不择手段。

　　要想让其他人同意某件他们原本不同意的事情，一个经典的操作就是逼对方就范。一些无良公司玩的就是这种把戏。当你购买他们公司的汽车或分时度假优惠产品时，他们会给你报一个极具吸引力的价格，可是却告诉你，这个价格仅在几个小时内有效，所以如果你想拿到最低价格，必须当时就签字。

　　大多数正直的人都不愿意当面跟你玩这个花招，但他们还是会利用时间压力。这是一个经典的谈判技巧，你很容易被绕进去，之后才意识到这是个诡计。

　　如果你们的讨论是临时起意，这个招数就很容易奏效。你的女儿可能会在你心不在焉或正急急忙忙要外出的时候跟你讨论她的入睡时间，寄希望于你不会仔细考虑而加以同意。

这也是有人反对把"任何其他事项"列入会议议程的理由之一（有些人会在"任何其他事项"环节毫无征兆地提出一个很有争议的话题，以期得到同意，因为此时没人有时间提出反对意见）。的确，会议开到最后，大家通常都已迫不及待要离开，同意一般比辩论要来得快。至少那些心存不轨的人希望如此。

　　所以，一定要提防这类伎俩。你不仅会稀里糊涂地同意某件你并不同意的事，还会无意中鼓励对方将来再跟你玩这个把戏，因为他们已经发现你很好糊弄。

　　注意，不必告诉对方你已识破他们。他们不想被识破，你也不想惹他们。你只需让他们知道现在时机不对，或者建议这个事项应该被列入下次会议的议程中以充分讨论，这样大家都有时间为其做准备。

　　其实，如果任何人想用某个请求来逼你就范，声称这很紧急（特别是对他们来说更紧急，而不是对你更紧急），我都会建议你用我的一个好朋友过去常用的方法来答复。它适用于同事、朋友、家人甚至孩子。事实上，它对孩子尤其有效。如果有人在我的朋友没时间处理某事的时候催他对此事做出决定，他总是说："如果你现在要一个答案的话，那就是不行。"

不必告诉对方你已识破他们。

第四章

学会应对难相处的人

　　如果陷入糟糕的境地，任何人都可能很难搞，但有些人似乎大多数时候都处于这种状态。无论他们呈现出什么典型特点，如具有攻击性、充满负能量、爱抱怨或控制欲强，都会给我们带来某种挑战。应对他们会让我们不断地产生挫败感，更不要提激发他们了。

　　好消息是，如果你知道如何调整自己的行为，就几乎能改善与任何人的关系。他们也许依然很难搞，可一旦你掌握了一些秘密、策略和计谋，能绕开他们给你设置的障碍，就能让他们跟着你走。

　　不仅如此，一旦你掌握了与这些人打交道的技巧，他们中的很多人便会视你为盟友，获得他们的配合也会变得越来越容易。所以，本章讲的便是如何学会应对生活中那些难相处的人。

法则
080

你只能改变自己

　　有些人很难相处，但这真的不是你的问题。你只是偶尔遇上这样的人，而且也许他们并不总是那么难相处。但有些人则可能在大多数时候都很难相处，他们可能是你的老板、你的父亲或你的孩子，想躲开还真不容易。

　　接下来的几条法则涉及各种类型难相处的人。总体而言，只要理解这个人，就会对你有帮助。你可以使用这些法则中的一些具体策略，这会让你和他们接触起来更容易。但有一点你一定要认识到，这非常关键：你无法改变他人。对于那些难相处的人来说，就算你做了什么能触动他们的事，他们依然还是很难相处。如果一切顺利，你最终能训练他们在跟你打交道时表现得有所不同。比如，时间一长，一个情感勒索者可能会了解到他们的策略在你身上没用，从此便不再打扰你。不过在内心深处，他们仍然是一个情感勒索者，你无法改变他们，也不能阻止他们对别人进行情感勒索。只有他们本人才能改变自己。

顺便说一下，就连你自己的孩子也是如此。孩子在成长过程中除了靠教养，也靠天性，[⊖]还有一段你无法改变的成长史。你可以向孩子表明他们的行为不对，但最终唯一能改变这个行为的只有他们自己。

那么，按这个逻辑推导下来，你能改变的人只有一个，那就是你自己。如果别人的行为让你感到不快、紧张、烦躁、沮丧、不安，责任在你，而不在他们，你得想办法解决问题。至于你会做出什么反应，那是你的事。

不要说我冷酷，因为我并非如此。我只是在陈述一个事实。不管你喜不喜欢，也不管对方有多么难相处，如果你想有不同的感受，就得亲自来解决问题。我知道这不容易（当然不容易，否则你已经去做了），但要想应对难相处的人，第一步便是要明白，如果你不喜欢自己的感受，就去改变它。

不过，我无法告诉你该如何改变。这是你的感受，我无法改变它，懂了吗？我的建议是，采用下面这些办法中的一个，对其加以变通，然后从这里开始。其实，只要对你有用（而且不伤害其他任何人），任何办法都不错。下面就是一些能对有些人起到帮助作用的初步建议：

- 不去听（这个选项并不总是有效，不过有时候会有用，也许最好能装作还在听的样子）。
- 想象这些话飞过你的头顶。
- 站在对方的角度想想这事有多糟糕——我是说，谁愿意动不

⊖ 也许更多是天性，不要问我，我不是科学家。

动就发火、充满负能量、感觉失控？

- 练习建设性地回应。如果你能有效地处理好你们之间的互动，你会感觉比不能处理好得多。

———————

至于你会做出什么反应，那是你的事。

法则
081

被控制是很可怕的

老实说，有些人的行为简直骇人听闻。我的意思是，大多数人在大多数时候都表现得很好，可是有些人真让我弄不明白。他们要么闷闷不乐、粗鲁无礼，要么一半时间都醉醺醺的，要么从不听你说什么，要么完全靠不住。他们为什么会这样呢？

我不能代表我没见过的每个人，但根据我的经验，大多数在行为上走极端、不受欢迎的人都不能很好地控制自己。毕竟，如果一个人能控制自己，为何还要疏远、冒犯、惹恼、厌恶、威慑别人呢？遗憾的是，他们可能无法控制自己。

我们都希望自己有较强的自控力，老实说，如果你控制不了自己，那是很可怕的。可是，不知何故，有的人一直控制不了自己，而有的人则是有时控制不了自己。

那么，这些人为什么无法控制自己的行为呢？如果他们自己控制不了自己，是谁在控制他们呢？嗯，罪魁祸首可能有很多。

酒精、处方药、强迫购物症——这些都可以成瘾，都可能占领某个人的生活。从定义上看，成瘾并不是一种主动的选择。或许这些人受童年时发生的某件事的驱使，或许他们过去曾做过某个不明智的选择，或许他们在某方面有些心理问题并郁结在那里（或许不是这样）。这并不重要。他们现在身处一个受成瘾摆布的世界，这对他们来说是非常可怕的，可是他们被困在里面，不知该如何走出来。

除成瘾外，还有其他东西也能控制一个人。心理问题（从双相情感障碍到强迫症）会以各种方式影响他们的行为，而他们却对其束手无策。假设你正在应对孤独症谱系障碍、图雷特综合征或精神分裂症，而有些与你打交道的人没有这方面经验，不理解你为何会有这样的行为，那么你会向每个人解释你为何做出古怪的行为吗（如果你也意识到了的话）——要知道精神疾病可是被一些人污名化了的？

所以，那些行为举止很糟糕的人也许并不仅仅是简单的无礼、粗野或怪异，也许他们很害怕，而且无法控制自己（至少在生活中的某些方面），所以正在拼命应对某种难以想象的局面，尽管这并不是他们自己造成的。

我没有资格为任何人做出诊断，但我发现，当我遇到某个难相处的人时，我会想想是不是有什么"恶魔"缠上了他们，这会对我有帮助。我是否正确和是否真有这些"恶魔"并不重要。我发现，一旦我把他们视作多动症患者、自闭症患者或酗酒者，忍受他们的别扭行为、善待他们就容易得多。如果我猜得八九不离十，那也算为他们做了些微薄的事情。如果我错了，他们的确就是恶人，好吧，这依然会使我们的交流更顺畅，而且我会感觉自己是个好人。

————

他们被困在里面，不知该如何走出来。

法则
082

觉得自己很渺小的人会夸大自己

几乎所有欺凌者都是这么干的——贬低他人，并尽最大努力将其变成受害者。为什么？因为受害者会顺从侵犯者（或者，换一种说法，侵犯者占主导地位）。更大、更强、更有控制力，这就是欺凌者想要的感觉。为什么想要这种感觉？因为在内心深处，他们有一种无力感。究其原因，也许有人在支配他们，也许他们感觉生活不受自己控制，也许他们暗自害怕。

欺凌者不仅可以通过压低别人而让自己感到更强大，而且往往还能获得（或觉得自己获得）其追随者的尊重和钦佩（事实上，这些追随者之所以经常围绕他们，目的就是为了不让自己受到欺凌）。

人是复杂的。当然，没有什么可以为欺凌行为辩护。我们可以尝试理解其背后的原因，但不必宽恕欺凌者的行为。不过，如果你是受欺凌者（或你所爱的人是受欺凌者），你会对这种欺凌行为感到愤慨。此时，如果你能了解该行为的产生根源，往往会对你有所帮助。再者，如果你能以欺凌者看待自身的眼光——软弱、无力、受害——来看待他们，就不会那么害怕了。

显然，这种认识并不会阻止欺凌行为，也不会使一切安好，更不意味着问题会消失。但是，当你知道欺凌别人这个过程并没有让欺凌者开心——这只是他们长期不开心所表现出的症状，这个问题就会变得容易些。

这些年来，我遇到过很多欺凌者，但我想不起来他们当中有哪个是真正快乐的。我认识的那些真正快乐、自信、放松的人从不欺负任何人。

有时，理解一个人为什么会去欺负别人可能是解决问题的关键所在。对于受欺负的人来说，要做到这一点是非常困难的，但也并非不可能。不过，好的学校在解决这方面问题上的成功率很高，好的管理者或好的家长往往也可以在其团队或家庭中处理好这样的问题。关键是要倾听欺凌者的心声，找出使他们感到无力的原因，并帮他们解决问题。帮助一个行为如此恶劣的人似乎有反常理，但如果这能改善每个人的情况，就一定有意义。此外，欺凌者往往确实需要帮助，他们为自救而选择的那些糟糕的方式给我们带来了愤怒、造成了伤害，但我们不能被这些所蒙蔽。没有人会想："我打算尝试欺负别人，这可能会让我感觉更好。"他们的欺凌行为都是下意识做出的，并未经过深思熟虑，而且大多数欺凌者都不承认别人对自己的控诉。并不意外，因为他们认为自己很无力，是受害者，在他们看来，这可算不上欺凌。

这些年来，我遇到过很多欺凌者，
但我想不起来他们当中有哪个是真正快乐的。

法则
083

大喊大叫的人希望被人听到

思考一下你是下列哪种人：从不会被激怒，还是每周会大喊大叫发泄几次？无论如何，告诉我，是什么让你冲某个人提高嗓门？或者，让我们换个说法：为何你的直觉告诉你，轻声细语达不到你想要的效果？

我敢说，你之所以每次都要大喊大叫，是因为你感觉如果不这样，对方就不会听你讲话。我指的可不一定是字面意思。我是说他们不会完全听进去你的话，除非你大喊大叫，逼迫他们听进去。我并不是在评判这样做是对是错，或者是否有道理（根本不可能，因为我自己也会偶尔大喊大叫，尽管每次事后我都会后悔——不总是如此，但通常会）。

那么，现在让我们反过来看看，想一想别人冲你吼叫的时候。被人吼的感觉可不好，所以，发生这种情况时，通常我的第一反应便是想立刻阻止对方喊叫。要想达到这个目的，有一个办法，那就是去听，表现出你在认真倾听。那个冲你吼叫的人想要的就是这个，所以显而易见，让他们停止吼叫的方法就是去聆听他们的心声。

假设你买的某样东西有问题，你拿着它到商店去理论。店员既不承认它需要修理，也不承认商店有责任来修理它，更不愿意为你更换一个，只是翻来覆去地说一些不相干的套话，显然他们并没有认真倾听你的诉求。你是不是想大喊大叫？当然。⊖

现在在脑海中再设想一遍这个情景，不过这一次店员在认真听你讲话，而且还会问你一些跟商品相关的问题。你还想大喊大叫吗？当然不，因为没必要——显然对方听懂了，你无须喊叫就得到了自己想要的。

大喊大叫的人有严重的挫败感，因为他们感觉对方没在好好听他们说话。这里有个很好的经验之谈：每当有人冲你提高嗓门，就是认为你没在听他们讲话。所以，如果他们猜对了（你真的没在听），这就是在提示你要认真听他们把话讲完；如果他们猜错了（你其实一直在听），这个标准依然可靠，说明你要表现出认真倾听的样子。你知道该怎么做——不要打断他们，要重复他们讲过的要点并频频点头，要表明你已体会到他们的情感并领会了他们的话中含义。

顺便说一下，从这一点可以推出有些人更容易被人吼叫。好的听众（表现出自己在听的人）常常不会被吼叫，容易被吼叫的是那些总是打断别人、急于下结论、自说自话而不管对方说什么的人，以及那些与对方关系密切的人。很公平，真的。

———————

这里有个很好的经验之谈：每当有人冲你提高嗓门，
就是认为你没在听他们讲话。

———————

⊖ 当然，作为法则玩家，你要会抵抗这种诱惑。

法则
084

消极的人能帮上大忙

我以前总觉得消极的人很烦人。我自己不是这种人，我是那种承诺做什么后就一头扎进去的"傻瓜"，而不是找各种理由不去做的人。在我看来，消极的人太悲观，相处起来令人心情郁闷，而且具有破坏性和毁灭性。我实在看不到他们的意义。

后来我去了一家公司工作，这家公司要不断向市场推出新产品，因此需要有稳定的、源源不断的创意。那些有效的创意会给公司带来丰厚的利润，而那些不能抓住客户想象力的创意则会导致公司损失利润（还会占用原本可以投入到某个好创意上的时间和资源）。

我们的创意智囊团里有个主任，无论我们有什么创意，他都总是看它消极的一面。其实工作之外，他是个颇有情趣的家伙，对生活也有着出乎意料的积极态度。可是在开会时，他每句话的开头都是"这行不通，因为……"，几乎每个创意都会被他泼冷水，这真让我抓狂，直到我注意到了一件事。

我发现，每当我们不理会他的疑虑、一意孤行时，产品的销路都不好；而每当我们想方设法地反驳他的各种批评时（为了这样做，我们经常对最初的创意进行调整），通常就会生产出大获成功的产品。其实，虽然他的做法可能听起来很消极，但这对我们的贡献极大。我们其他几个人几乎对每个创意都怀有满腔热忱，而他则不轻易接受任何一个想法。这意味着在我们的创意被通过之前，其实我们还可以对其进行更好的测试和锤炼。

　　有时候，我依然觉得消极是个很烦人的特点，但我认识到它是每个项目的关键部分，无论是开发产品、买房、为度假收拾行囊，还是创业、规划花园、换工作。你需要有人帮你在问题发生前发现它们，如果这个人真的想帮你的话，有时候就不得不说一些消极的话，给你泼点冷水。

　　为了能正确地帮助你，他们还要做到另外一点：提出的内容要具体。如果一个消极的人只是说"这肯定行不通"或"你在浪费自己的时间"，而不给你一个理由，那就根本帮不上你，即使最后证明他们说得对。如果最后证明他们真的说对了，你尤其要注意，因为我敢肯定，他们会第一个说"瞧，我告诉过你要这样"，但其实他们并没说过。他们没告诉你如何做或为什么会失败，也没告诉你要采取什么预防措施或这个项目的哪个部分有缺陷。

　　如果你听到消极的意见，一定要让对方说得具体些。"为什么行不通？哪部分有问题？你会怎样做？"如果他们不再给你任何更详细的反馈，我希望你无视这些让人讨厌的人。但是，如果他们为自己的消极给出一个理由，那我建议你真要好好听听。即便他们错了，用怀疑的眼光来仔细思考这个创意或项目只会帮助你最终获得正确的创意。

你需要有人帮你在问题发生前发现它们。

控制狂总认为自己是对的

有两种类型的控制狂。第一种是这样的：总是在列清单，家里似乎永远不会断牛奶，度假时也不会忘记带相机。他们偶尔也会令人有点不舒服，比如早早就想跟你敲定安排，而你那时还不想考虑这件事。不过，他们总体上是善良之人，只对自己有控制欲。

还有另外一种。这些人总想以某种方式控制你的生活。他们总是对你说他们最具权威，或是总期待你能适应他们，或是要求你以他们的方式行事。这些控制狂比较难搞。如果你不顺从他们的意愿，他们就会变得很刁钻，甚至会欺负你或对你进行情感勒索，从而达到自己的目的。

那么，他们为什么想控制你？一般来说，控制狂都在试图弥补无法控制自己生活这一缺陷。这可能与他们现在的某种感受有关，也可能要追溯到他们的童年时代，那时他们曾经有过失控的感受。无论是哪种情况，他们现在都在试图尽最大努力来保持对一切可控事物的控制，希望以此来修正这个问题。这也可能包括控制你，因为只有这时他们才感到安全。他们不信任任何人，除了他们自己（也许是因为在这方面有过痛苦的经历），他们要确保一切都按照他们预想的方式发生。在某种程度上，他们可能值得你同情，但他们不会因为这个感谢你，而且，最终你也无法解决他们的问题。

在我认识的控制狂中，愿意把自己描述为第二种的不多。他们认为自己是对的，你得听他们的，他们是为了你才那样做的。有时候他们是真的关心你，不能忍受你犯错并产生无力感，于是努力保护你，让你不受自己的侵害。当然，如果他们成功了，还是会让你产生无力感，因为他们从你身上夺走了控制力。不过，别指望他们能认识到这一点。

这类控制狂本能地会被那些低自尊的人吸引，因为这些人更容易接受控制者的权威。对付控制狂的关键是禁止以其人之道还治其人之身，不要表现得盛气凌人、咄咄逼人、有控制欲或防御性，只要坚定自信、不接受他们的要求就行。你只需告诉他们，你很感激他们给你提建议，现在你要自己做决定；或者让他们知道，你认识到自己的方法与他们的不同，但并不认为哪一种更好或更坏。这样你就能继续按自己的方式行事。

唯一能解除控制狂的控制欲的人是他们自己。所以，想象自己能阻止他们去控制别人是没有意义的，与他们斗争只会给你添堵。最糟糕的情况是发现自己的伴侣是个控制狂。你一定要让自己变得极其坚定，如果你挣扎得厉害，你们的关系很可能会破裂，除非你的伴侣认识到他们的行为具有多么强的毁灭性（即使他们确信他们所做的一切都是出于好意）。

———————

唯一能解除控制狂的控制欲的人是他们自己。

法则
086

情感勒索者想控制你

你是否容易感到内疚，或者总是感觉"应该"做某事？如果是这样，你就很容易成为情感勒索者的猎物。这些人特别难对付，因为他们会操纵你的情感，让你要么做一件不想做的事，要么为没有做这件事感到难过。如果你屈服的话，唯一能破局、成为赢家的就是对方。

我认识一些人，他们在其他方面都不错，就是容易对别人进行情感勒索。事实上，这更难应对，因为你在乎他们，想让他们开心。这就使得你更有可能向他们屈服。听着，那些使用情感勒索手段的人其实很不自信，不只在让你去做的那些事情上不自信。他们经常会有不安全感和失控感，强烈需要从你这里获得爱或承诺，因此会强迫你表现出来。这其实没什么意义，但在他们心中，总比什么都没有好。

最可怕的是，他们会想方设法地控制你以获得自己想要的东西。也许是你的某个同事，他们想让你替他们写一份报告；也许是你的伴侣，他们想让你留下来陪他们。换言之，他们的需求（以及你在这份关系中的投入）可大可小。

我认识几位家长，他们会这样对孩子进行情感勒索："我花了这么大力气烧晚饭，如果你不全吃光了，我会难过的。"如果你想让孩子把饭菜吃光，要么跟他们讲其中的道理，要么告诉他们如果不吃光就会面临某种惩罚；你也可以少给孩子做点，或是让他们吃一些，而不是逼他们吃光。所有这些办法都行得通，只是不能进行情感勒索。很多家长在孩子早就长大成人、离开家之后还采用这种做法："你会来看我的，对吧？没人来感觉好孤单。"

情感勒索者试图让你为他们的情感幸福负责。他们通过以某种扭曲的交换方式来接手你的情感。不过，他们真正感兴趣的当然是你的恐惧感或内疚感（至少是责任感）。这是他们用来控制你的武器。

如果你在某方面也容易受到这种影响（每个人都至少有时候或跟某些人在一起时会这样），你要明白：这些人在情感勒索上越成功，就越会上瘾，越发控制不了自己的情感。所以，如果你屈服，你可能会满足他们的短期需求，但就他们的长期问题而言，你是在助纣为虐。[一]

你要鼓起勇气拒绝。说的时候可以亲切点，但一定要坚决。你甚至可以直接问："你是在对我进行情感勒索吗？"这往往会使他们退缩。如果你的家人中有情感勒索者，并且让你受到了严重的威胁，可能你得让自己彻底摆脱这种状态。不管情况有多严重，最重要的是要认识到你正在遭受情感勒索，并在自己周围设立边

[一] 抱歉，我并不是想让你觉得我在对你进行情感勒索。

界。颇有意味的是，尽管从表面上看你在强迫对方对此负责，但其实你是在帮助他们拥有更健康的情感。（不过你不用对此负责。）

———————

情感勒索者试图让你为他们的情感幸福负责。

法则
087

不安全感会导致不信任

　　我认识一个女人，她的自尊心非常低，这影响到了她的每一段恋爱关系，因为她不认为自己足够好、配得上自己的伴侣——他为什么愿意跟她在一起？他能从她身上看到什么？他肯定很快就会意识到她不值得他付出这么多，要是他准备离开该怎么办？上星期他真的是在加班吗？你可以看出，她的不安全感和对失去伴侣的恐惧感很容易导致她变得充满嫉妒心和占有欲。

　　好可悲，但在我看来，接下来发生的事情更可悲。她的嫉妒心太重，致使他无法再忍受下去，便真的离开了她。她的自证预言只是加强了她的看法，即她不够好，每一任伴侣都终将离她而去。

　　我们很容易同情她。但是让我们从她的伴侣的角度来看看她。他一开始对她很投入、很忠诚，可她的占有欲实在太强，而且一点儿也不信任他，总是无休止地指责他出轨，最终他觉得还是摆脱这段关系比较好。

跟一个善妒的伴侣生活在一起可不好玩。事实上，不仅仅是伴侣，一个嫉妒心重的朋友、手足、家人或同事也会让人感到很窒息。嫉妒和羡慕不一样。如果别人拥有你没有的东西，你可能会羡慕他们，但嫉妒却会让你痛苦万分。这是一种可怕的恐惧感，让你害怕某个人（或你拥有的某样东西）被别人占有。嫉妒通常与不安全感和低自尊有很大关系。

　　所以，有人可能认为你拥有完美的恋人、漂亮的房子或成功的事业，因此羡慕你，因为他们担心自己永远无法获得这些，或是觉得自己不配得到这些。

　　但有些人的友情却被其中一人的嫉妒所困扰，这个人害怕他们很快就会找到一个"更好"的朋友，然后抛弃自己。这对于好友团，尤其是三人团是一个巨大的问题，因为其中一个朋友可能坚信另外两个人彼此更亲近。为了防止这种情况发生，有些人会变得特别善于操纵，即使这可能并未构成真正的威胁。

　　不要与一个嫉妒心重的人对立，不要做出会激怒他们的行为，这样你就是在帮助他们。但你也只能做到一定程度。如果你不去跟别人调情，或是不在未通知伴侣的情况下整夜不归，你的伴侣（他们经历了一些风波，因此嫉妒心重）可能就会很平静。然而，如果他们一直就这一点指责你，或是想要控制你的行为，你就要划一条界线。这是对方的问题，虽然你也小心翼翼地不去刺激他们，但解决方案在他们身上，不在你身上。最终，对方必须要学会信任你，否则你们的关系注定会破裂。

　　你那位嫉妒心重的朋友需要你的保证，但他们也需要明白：真正会把你推开的（他们所害怕的）正是他们的操纵性行为。你那位善妒的手足或同事不需要听说你有了新工作、新汽车、新房子或新衣服，所以不要总是跟他们提起这些。不过，最终，如果他们有了自尊，就不需要这些表面的光鲜了。

最终，如果他们有了自尊，
就不需要这些表面的光鲜了。

法则
088

偏见源于无知

几乎所有人都是偏见的潜在攻击目标。无论你是女性、单亲、残疾人，还是受教育程度低、方言口音重或有任何一个为一些人所讨厌或瞧不起（无合理的理由）的特征，都会遭受偏见的攻击。

幸运的是，你不必跟地球上每个对你有偏见的人打交道。就对付难相处的人来说，你只需弄明白你的老板、邻居、嫂子、同事、同学等任何一个跟你有固定来往的人就行。

偏见源于无知。比如，不管什么人，只要他认识很多黑人，就不得不承认，黑人的肤色（以及它在历史上对黑人的影响）是他们唯一与众不同的地方。除此以外，他们只不过是我们芸芸众生中的一员而已。那些对他人持有偏见的人总体上都是因为经历有限而未能重新调整自己对他人的看法。

我们往往是从家庭或文化中学到了偏见，而我们的无知又加深了偏见。当然，如果你从小就相信某种类型的人很邪恶或者"跟咱们不一样"，你就很可能会避开他们，这样便加剧了无知。

而恐惧又对其火上浇油——你害怕你的偏见所针对的那些人会抢走你的工作、闯入你家或教坏你的孩子。

如果面对现实，大多数人会认识到，自己的恐惧和偏见是没有根据的。但某些人却依然很难打交道，因为他们拒绝接受任何与其现有观念相左的证据。所以，你的问题是不得不与那个坚信女性的工作能力不如男性的老板或那个无法接受自己的亲戚与一个残疾人结婚的家人打交道。

首先，你要认识到对方的偏见说明他们有很大问题，而不是你有问题。你可能感觉不到，但这在他们周围的其他人看来都很明显。这本身就会提醒你不要将其放在心上。

其次，不要助长对方的错误观念，这一点也很有道理。如果你的男性老板认为女性依赖感太强、太情绪化，你就要尽全力抑制住自己，不要在他面前痛哭，也不要动不动就向他求助（如果你是女性的话）。要为所有将来会遇到他的女性挺直腰杆，把这当作你的任务。

能减少偏见的是经历，而不是有理有据的争论。偏见并非一种符合逻辑的状态，所以逻辑无法将其打败。公开的挑战只会让人愈发顽固。公共规模的政治抗议可能非常有效，但在一对一的层面上，做出任何形式的防御性反应总是会产生反作用。是的，哪怕你是对的。不要试图一下子改变他们，只需播下一颗种子就好。

你的老板可能最终会承认女性通常都很情绪化、依赖性强，但你是个例外。这并不是你真正想要的结果，但你已经开启了某种转变。下一个以及再下一个为他工作的女性就可以慢慢培育这颗种子，让它生长。这本不该花很长时间，但很可能会的。能在一夜之间改变观念的人寥寥无几。所以，不要去要天上的月亮，而且要记住，这不是你的问题。

对方的偏见说明他们有很大问题，

而不是你有问题。

法则
089

乞怜者渴望得到认可

当个乞怜者的感觉很像生闷气，只是一般来说，当一个人生闷气时，他们会走开，而乞怜者则喜欢在公共场合生闷气，吸引人们的注意力，然后还要确保其他人知道他们在受难，而且认为这往往不是他们的错。从某种意义上说，这个不同就是关键。

让乞怜者感到痛苦的事情有很多，比如他们自己的低自尊或感觉自己被低估了。也许这是你的错，但关键的一点是，乞怜者之所以感到愤恨，是因为觉得自己并未得到应有的认可。而且，他们并不直接去要求得到认可（"难搞"的那部分来了），他们性格中的某一点导致他们做出的反应是抱怨并含沙射影地批评任何一个他们认为未能认可他们的人。

作为一个成年人，如果你感觉自己没得到重视，那么你真正该做的是去和那个你觉得没把你当回事的人谈，向他解释你有什么感受以及为何有这种感受。但乞怜者不会这样做。他们会长吁短叹，抛出一些明显的暗示，等你来夸他们有多优秀。你要么就遂他们的愿，当然只是为了驱散阴霾（不过你是在奖励乞怜者的这种行为）；要么就不理会他们，但这样一来，他们的情绪就会恶化。

如果你面对的是一个偶尔出现但也很让你郁闷的乞怜者，最好的办法是采取成年人会采取的做法。你可以说"我感觉你对这件事不太开心"，让他们来谈谈为什么为团队完成这项文书工作或饭后洗碗让他们这么气愤。也许他们有道理。如果他们的确没道理，至少你已经问过他们了，可以放下了（即使他们没放下）。

然而，有些人会经常为自己制造乞怜的场景，以期通过鼓励他人表达对自己的赞赏来提高自己的自尊。所以，他们会常常抱怨工作多么辛苦、待遇有多差、处境多么糟糕，好让你（或别人）夸他们对这一切都应付自如。有时候他们甚至可能会主动请战，挑选某个很耗时的任务，以便有东西可以抱怨（注意，是无意识的，他们是意识不到自己在这么做的）。在这种情况下，如果你给予他们渴望得到的回应，就只会助长他们对认可成瘾。这是一种情感勒索，这个人在让你为他的自尊负责。

不管你有多同情他，都要意识到，这是某种受过训练的心理师该做的工作。与此同时，如果你无法避开这个人，那就在你们的交往中保持中立。如果他们惨兮兮地告诉你昨晚工作到很晚，不要赞扬他们，也不要表示同情，只评论一下昨晚的天气或别的什么就行。不要接受他们的"牺牲"。比如，他们主动提出帮你分担一部分工作，请直接告诉他们你不需要任何帮助。

一个极端的、顽固的乞怜者肯定是不快乐的，但你对此什么都做不了（除非你是一位训练有素的心理治疗师）。你能做的一切便是保护好自己，忍住诱惑，不去满足他们对赞扬和同情的贪欲。除此以外，你真的有种想再为他们做点什么的冲动，可以鼓励他们去寻求帮助。

如果你给予他们渴望得到的回应，
就只会助长他们对认可成瘾。

法则
090

敏感的人强硬不起来

我曾经跟一个家伙共事过，哪怕是最微不足道的事情都会令他潸然泪下，比如团队中某个人给予的最微弱的批评、新闻中的某个令人悲伤的故事或任何一种负面的情绪。有时候，我觉得和他在一起真的很难办，如果我想给他一些建设性的反馈，简直就是如履薄冰。

如果你不是高度敏感的人，跟这样的人打交道可能会很累。正因如此，我把这些过度敏感的人也列入了难相处的人这一行列，因为对你来说他们可能真的很难应对。然而，过度敏感的人与本章中的大多数类型的人不同，他们并未做错什么。他们可能生来即如此，我们要学着适应他们。毕竟，他们往往是第一个感知到麻烦就要来了的人，而且可能是最优秀的外交官，因为他们对不去惹恼别人有着高度适应性。如果他们能以自己喜欢的方式对待他人，就不会引起不愉快。让他们"强硬起来"是没用的——他们做不到，也没必要这样做。

问题是（特别是如果你不像他们那样脸皮薄的话），你可能会惹他们难过。嗯，是的，有可能。所以你要小心。首先要认识到，他们会将最微弱的意见放在心上，会没完没了地想。不过，好的一面是，这意味着你不需要费力地表达自己的观点。你完全可以信任这些人，他们会理解你的各种暗示，所以你只需对他们好一些，考虑细致一些。

　　显然，当他们的工作没有达到要求或你们的关系中出现一些波折时，你要能够告诉他们。可以假设他们不是情感勒索者，他们的眼泪并不是为了让你感到难受而流。这只是一个无法控制的反应。所以，你要尽力让他们自己发现问题——"这里还有改进空间。你觉得什么能加快下一次的进程呢？"这样他们就可以提意见，你只需附和便可。

　　注意，在这个例子中，措辞也很小心，没有针对个人。问的不是"你能做什么来加快进程"，而是"什么能加快进程"。这样便不会让对方感觉某个意见是针对他的。如果你的伴侣过度敏感，你可以说："我去发动汽车时发现车没油了，感觉很郁闷"，而不是"……你把车开没油了"。

　　如果你是在与一个高度敏感的人打交道，一定要侧重积极的一面，用糖果而不是大棒。大棒这个提法可能很吓人，其实就是让他们知道你想要什么，而不是不想要什么。比如，你想让汽车的油箱里还有一些油，而不是不想看到它空了。

　　我记得有个小学老师曾经对我说他有个"不能冲着吼叫的孩子的名单"，因为他们接受不了。我因此断定他肯定还有一个可以冲着吼叫的孩子的名单。无论你是否需要一份可以冲着吼叫的人的名单（当然，你不会真的冲他们吼叫，因为你是个法则玩家），如果你感到烦躁、易怒，那些过度敏感的人肯定应该出现在你要避开的人的名单上。

他们会将最微弱的意见放在心上，
会没完没了地想。

法则
091

如果符合人们的利益，
他们就会听

　　我认识一对夫妇，他们几乎不争吵或拌嘴。偶尔为之时，也总是因为同一件事，丈夫说妻子不听他讲话。说得很对，她经常不听，而且我知道为什么，因为这个丈夫总是重复自己的话，听起来很无聊，于是妻子就不听了。哈，可是丈夫为什么总是重复自己的话呢？我也可以告诉你，因为他的妻子似乎从不认真听他讲话。

　　在交谈中，要想让一方倾听另一方，两个人必须合作。在上面这个例子中，对于究竟是谁造成了不听对方讲话这个问题，我认为双方要各打五十大板。有时候你会发现，你面对的是一个对这个问题的贡献率远超一半的人。但是，责任其实并不完全在听的那一方。哪怕听的那一方用手指堵住了耳朵，他们这样做可能也是情有可原的。

　　如果有人坚持不听或听不到你在说什么，你得改变一下，否则一切都还是老样子。对方之所以不听，肯定有原因，所以你要弄清这个原因是什么。你是否在削弱对方的权威，或是在批评他们，或是说了什么他们不想听的话，或是让他们在另一个人面前出丑？不管是什么原因，你都要试着去调整。你可以换个语气，或是私下跟他们谈，或是提前规划一下如何能更简洁地表达你的观点，或者挑选个更好的时间谈。总之，你要让对方知道你要说的东西值得听。

无论是什么人，只要站在你这一边，就更有可能听你说话。所以你要采用平和的语气，选好时机，在遣词造句上还要注意让他们产生自我认同感。即使你不得不批评他们（真有这个必要吗），也要找到一种积极的方式来表达你的意见。除非对方觉得值得，否则就不会听你讲话。

如果对方是十几岁的孩子，并且他们根本不想听你讲话，那么你说什么都没意义——不管你认为你的话多重要，还是没意义。如果你不能让他们站在你这一边，那就放手。

如果对方也是谈话的一部分，他们就很难不去听你在说什么。所以，你要问对方一些问题，并尽可能地赞同他们的回答。最重要的是，你要听对方在说什么。对，如果你不希望对方做什么，自己就千万不能这样做。也许对方会让你改变想法？不可能？如果你的第一反应是不可能，你的思想就和他们一样保守。

对方之所以不听，肯定有原因，
所以你要弄清这个原因是什么。

法则
092

被动攻击型的人害怕冲突

我记得在十几岁时，有一天我很晚才回到家，当时一位上了年纪的亲戚正在我家做客。第二天早上吃早饭的时候，她说："你昨天晚上玩得很开心吧？你一直在外面玩到深夜 2:20，肯定很开心。"她说得很起劲，听起来是为我感到高兴，但我非常清楚这些话的潜台词是什么。她其实是在说（当着我妈妈的面）："你进来的时候把我吵醒了。"所以她才知道当时是几点。

被动攻击行为的目的是批评和抱怨，但不挑起直接冲突。我们偶尔都会这样做，不过有些人一旦感到不痛快或愤怒，就会自动开启这个模式。一般来说，这些人害怕冲突，多半是因为他们过去有过不好的经历，但他们并不想什么也不说，让自己的懊恼稀里糊涂地过去。他们这种行为方式其实毫无意义，因为它并不能让问题得到解决，相反，只会让大家都感觉不舒服。

我以前曾经一起共事的一个人总是拖到最后一刻才交付自己那部分任务，这样其他人很难做他的工作。严格地说，他从未超过最后期限，可团队的其他成员总是以第一时间交任务、互相帮助为目标。这家伙对团队其他成员很不满，这就是他惩罚我们的方式。他不会让我们坐下来，告诉我们他出了问题，因为他害怕挑起我们的攻击性反应。我到现在还不明白他为何对我们生气，但这个问题一直没得到解决。我估计他现在也对和他一起工作的人（不管是谁）生气。

这种行为最令人郁闷的一点是，如果你直接发难，对方就会否认："我不是故意拖到最后一刻的！只是花的时间比我想的要长。"

瞧，现在你成了那个刻薄地指责他人的人，而他们却感觉很委屈。

那么对于你那个被动攻击型的老板、伴侣、母亲、同事、孩子，你打算怎么做？首先，你要认识到这是一种攻击性行为，无论它伪装得多么好。这是关键的一步，可以防止你因"错误地"指责他们而产生内疚感。如果你允许这种攻击性行为继续下去，那对任何人都没好处。

有时候幽默能起大作用。在我家，任何这种行为都会被报以一句玩笑般的"可别被动攻击我"。即使对方否认，之后他们也很难再继续这种行为。对于更顽固的侵犯者，你需要跟他们正面解决。不过你要让他们知道，表达出自己的不痛快并不一定会引起冲突。这正是他们害怕的，除非这种恐惧消退，否则他们不会改变自己的做法。所以，你要就事论事，向他们表明不管是什么困扰他们，你想要一个双赢的解决办法。

你还要具体一些。泛泛地指责对方"你总是把什么都拖到最后一刻才交"是没用的，要举具体的例子，要让他们知道这是不可接受的。无论如何你都不要跟他们针尖对麦芒，不要锱铢必较，比如为了报复你也晚交活，从而给他们的工作带来困难。这会让你变得比他们还有被动攻击性。

————————

你要认识到这是一种攻击性行为，
无论它伪装得多么好。

对方可能并非有意表现得
高人一等

有些人总是摆出高人一等的姿态，他们和欺凌者一样，骨子里都是想通过打压对方来抬高自己。这些人缺乏安全感，深受自我怀疑的折磨，他们的解决办法就是在社会、智力、公司的台阶上把你牢牢钉在他们下面。

这种行为和难相处的人做出的很多种行为一样，都是他们的问题，不是你的问题。对你来说，最好的办法就是保持冷静，礼貌但坚定地提请他们注意他们说的话："你为什么说我听不懂？要不要我来为你解释一下？"如果有别人在场，这会非常有效，因为这会让他们感觉很不舒服，这样下次他们就会三思而后行。

要注意一点，不能鼓励这种行为。我认识一些人，他们抱怨别人对待他们的态度就好像他们很无能似的。可是，每当他们拿到一项任务，就要不断向别人求证自己做得对不对。如果你也这样，那就难怪有人会质疑你是否胜任这份工作。当然，这些质疑你的人应该找到更好的方式来表达这种担心，而不是摆出高人一等的姿态（不过，如果你表现得更自信，他们就不会再对你的能力产生怀疑）。

不过，并不是每个对你摆出高人一等的姿态的人都是故意为之。一般来说，如果不是刻意而为，它会被伪装成善意或赞美。所以说，如果你在过马路时需要帮助，那么帮助你的人就很了不起；但是如果你不需要帮助，对方就是在摆出高人一等的姿态。不过，这种姿态的出发点还是善意的，所以你最好能温和地回应说："我能行，谢谢你。不过，很感谢你提出要帮我。"毕竟，你可不想让他们放弃给下一个人提供帮助，因为下一个人可能真的需要帮助。

如果你上了年纪，或是太小，或者你是残疾人或女性，有些人就会摆出一副高人一等的姿态去跟你的同伴说话，而不是跟你说话。这时你需要把同伴争取过来，让他们不断地把问题转给你，这样你就能发表自己的看法（可能需要提醒他们）。

一个经典的摆出高人一等的姿态的方式便是为某件并不值得赞美的事赞美某个人。我必须得说，很多女人都是这样做的，她们会对伴侣说："你把厕纸更换了／用吸尘器清扫了房间／给宝宝洗了澡，做得真棒。"言外之意是，她们感到很奇怪，自己的丈夫居然能干这些活儿（这实在太居高临下了）。如果她们做了同样的事，可不会指望得到赞美。

有性别歧视的男人可能也会对女人做一模一样的事情——如果女人成功完成了三点调头，或更换了电灯泡，或谈成一笔交易，就给予她们赞美。很多事情都值得我们赞美，但无端地去赞美别人就有点显得自己高人一等。你可以试着问问这些人是否觉得这件事很难，这会让他们思考自己在做什么，并让他们注意到对你的赞美是多么不理性。如果这个方法行不通，你就得让他们通过经验改变对你的看法。这需要时间，不过最终他们会知道，操作真空吸尘器或把车掉头对你来说是很平常的事。

———————

一个经典的摆出高人一等的姿态的方式便是为某件并不值得赞美的事赞美某个人。

法则
094

你无法打败真正的自恋者

　　我们都知道自恋者什么样，他们很容易被识别，你甚至可以不费吹灰之力就能说出几个自恋者的名字。貌似地球是为这些人转的，他们一定要处于中心位置，要成为受人崇拜的人物，而且他们永远不会错，永远高高在上。

　　没错，自恋者只根据事物对他们的影响来看待它们，这导致他们很难共情，甚至连为他人（比如你）考虑一下都很难，因为他们往往对任何对他们没有积极影响的事情都不感兴趣。

　　一个以自我为中心的伴侣或老板可能非常难相处。他们和欺凌者一样（他们往往就是欺凌者），表面上看起来很自信，其实内心可能很自卑，所以需要通过打压你来抬高自己。他们对自己能为你做什么并不感兴趣，只对你能为他们做什么感兴趣。他们傲慢得气人，而且不想听你说话。为什么要听？显然，他们什么都懂，你应该听他们的。

　　这些人不仅个性张扬，还觉得自己永远正确，而且只有当你赞同他们的观点、帮助他们拔高对自己的评价时才会喜欢你。也许很多人都比较自我，但他们还是会听别人的，而且能接受不同的意见，有些人甚至欢迎不同的意见，但自恋者却根本接受不了批评，而且不能容忍任何与他们的观点、意见和价值观不同的人。他们会把这个当作是对个人的侮辱。

对于这些人（如果无法避开他们的话——当然，躲避通常是上策），最好的办法是态度明确，不带任何情绪（他们对你的情绪才不感兴趣，所以别折腾了，不要用你的情绪来为难自恋者）。跟他们打交道时尽量不要模棱两可，如果你不停地说"可能""我想知道如果……"或"我感觉……""我有点……"，就等于在削弱你在他们眼中的权威。你也不要浪费时间来和他们争辩。他们不允许自己在争辩中落下风。所以，你要后退，或者一开始就避免跟他们争辩，另找一个高明的办法来得到自己想要的。比较理想的做法是找到一个能满足他们的自我的办法，这才是让自恋者与你合作的途径。

靠打压他们、在别人面前批评他们或挑战他们的自负行为来进行报复注定要失败。无论你认为自己多么有理（你可能是对的），他们都无法容忍。他们最害怕的就是被贬低，会因此报复你，而且会赢，因为这对他们非常重要。

注意，一个真正的自恋者（被临床诊断为自恋者的人）要可怕得多。就连医生都很难深入了解他们的行为，只能做些肤浅的研究。他们对自身的关注太强烈了，以致只要有必要（对他们来说），他们就会模糊事实与虚构之间的界限来保留他们对自己的看法，即自己极其成功、强大、独特、有特权。他们觉得自己比其他人优越，因此应该得到特殊待遇和通融，也应受到崇拜。

　　如果你身边有这样的人，就不要想象自己能改变他们，因为你不能。你只需保护好自己，守住自己的尊严和自我价值。如果你无法与他们相处，你唯一的选择便是在你们之间留出尽可能多的空间，以便能够应对。祝你好运！

他们对自己能为你做什么并不感兴趣，
只对你能为他们做什么感兴趣。

法则
095

爱抱怨的人不愿意改变

　　我感觉我特别不能容忍那些爱抱怨和发牢骚的人。他们能把我气疯。当然，我也非常同情他们，为他们这种消极、悲观的情绪感到难过。但如果有人不断地把这些情绪倾倒给我，我会受不了的。

　　我来告诉你究竟是什么让我感到郁闷。有些人会一味地发牢骚、抱怨，但却不采取任何行动。我们都会对一些事情抱怨几句，然后就想办法扭转局面。可我这里说的却是这样一些人，他们一旦抱怨起来，就像唱片卡住了一样，不再有任何进展，更不会去解决问题，所以只会让整个情况变得更糟糕。其实，几乎每个棘手的情况都能得到改善（即便不是完全解决好），但必须采取行动才行。爱抱怨的人则把发牢骚和不作为完美地结合了起来。

　　当然，爱抱怨的人也很有用，他们会让你注意到问题。他们与消极的人一样（可以把他们看作其中的一个子集），有时候会为团队、家人或群体说话，而且会是第一个提醒你注意某个需要解决的问题的人。

然而，爱抱怨的人并不想发挥自己的主动性，让事情有所改观。他们就像个小孩子一样，想让你来把一切摆平。某种意义上，他们可能的确还是个孩子，这样的话，你就是个家长，要鼓励他们找到解决办法，而不只是发牢骚。否则，他们长大后就会用牢骚去困扰别人。

当我回顾我在过去几年干过的工作和结交的朋友时，我想不起哪个爱发牢骚的人真的接受了改变这个概念。爱发牢骚的人不喜欢改变，而这往往就是他们抱怨的根源。他们抵制变化，正因如此，他们才不想进入解决问题的阶段，因为这会要求他们接受某种新的或调整过的方法。这不是他们想要的。

所以，应对爱发牢骚的人的第一步就是让他们对改变感到放心（它并不像看起来那么糟糕），或者让他们看到改变如何使生活更好、更简单、更轻松（给他们点时间，让他们充分领悟）。如果需要他们接受的改变很大，就要给他们更长的时间。如果你告诉孩子们要搬家，就别指望他们半个下午就能消化这一信息。

第二步，你要让他们关注解决方法。你要反复问他们为什么不喜欢改变；还可以让他们想象一下，然后再接受改变："你的新卧室会比现在这个大，我们需要决定一下用什么颜色来装饰它。"如果可以的话，你也可以让他们参与到解决方案的制订中来。

爱抱怨的人往往没有归属感（在公司里，他们常常是那些视团队为第二家庭、会不顾一切保护它的人）。如果是自上而下发生的改变（在他们看来），他们就会产生无力保护公司的感觉，所以一定要让他们在这个过程中发挥积极作用（无论是部门重组还是仅把文件柜再往走廊深处挪一挪），这会让他们感到安心，还会让他们闭上嘴（希望如此）。

你要让他们关注解决方法。

法则
096

比惨的抱怨者不只是需要发牢骚

当我们在谈论爱发牢骚、爱抱怨的人时，会发现有这样一群难相处的人，他们看起来像是在发牢骚，但其实另有所图。你是否听到过下面这样的对话？

甲：我昨天晚上十点才到家。

乙：是吧，跟我讲讲……我星期一到家都十点半了。

甲：我也是早上八点就到了。

乙：这周我每天早上都要八点上班。

甲：是啊，不过我已经累瘫了，因为我在几个分公司之间来回开了三个小时的车。

诸如此类。一帮比惨的抱怨者。我最喜欢的例子是"巨蟒"（Monty Python）的那个喜剧小品，讲的是一帮老人在比谁的童年最惨（"我是在马路中间的一个纸袋子里长大的……"）。是的，这些人的确是在抱怨，但其动机与那些顽固的抱怨者不同。

他们是一群打着另外一个幌子的乞怜者，只是这一次他们把其他人也拖下了水——他们想让每个人都知道他们工作多辛苦，遭了多少罪，多么不被赏识。像对待其他乞怜者一样，如果你用同情来奖励他们，他们就会变本加厉。别理他们，该干什么就干什么。

很显然，乞怜者和比惨的抱怨者还是能做好一些事情的，如果他们真的做好了，应该表扬或认可他们，要在他们不抱怨的时候夸夸他们，表达你对他们有多满意。

这种比惨行为在手足之间尤为常见（不奇怪），在某种程度上，他们是在争夺父母的注意力。因此，你要定期进行快速的心理检查，从而确保你的时间、表扬、奖励和批准在孩子之间是公平分配的。注意，身为父母，你很可能有这方面的问题（这要靠感知，不一定与现实相符）。如果有，你就要安抚那个爱抱怨的孩子，不过不要在他们抱怨的时候这么做。

事实上，有些人从不发起这种竞争，但是很容易被卷进去。这很有趣。除了那些千载难逢的竞争者，还有一类人，他们从不发起这种竞争，但却能察觉到竞争，然后开始针锋相对地参与到竞争中。这些人通常不会主动去抱怨，但也见不得别人比自己受的苦更多。所以，他们可能真的需要被认可（通常他们得到的认可并不多）。无论如何都值得思考：如果他们不是乞怜者，而是沉默的受难者，你就可以放心地承认其价值，这样他们的负面行为就不会持续下去。

比惨的抱怨者的动机与那些顽固的抱怨者的动机不同。

法则
097

秘密有强大的力量

很多人都注重隐私，这很正常。谁都没必要跟同事谈论个人生活，或者跟家人谈论自己最深的情感。的确有很多人非常开放，但也有很多人更愿意把细节留给自己。也许他们很害羞、很脆弱，或是担心被别人以某种方式评头论足，也有可能他们本身就是那种注重隐私的人。无论是哪种情况，我都不会把他们列入本章，因为本章讲的是难相处的人。

那么，什么人既难相处又神秘？就是那些故意对你隐瞒信息的人。一般来说，你并不知道他们是否掌握这些信息，所以无法确定他们是否在对你隐瞒；也有可能你知道他们在跟你隐瞒什么，但不清楚究竟是什么，可他们十分清楚自己手里有你想要的信息，只是故意不告诉你。

那他们为什么要这样做？因为这给了他们权力。如果让你知道他们掌握某个信息，你就成为他们的同谋。即使不告诉你，这个消息依然会让他们兴奋。这可能会让他们知道一些有价值的东西，并能对其加以利用。比如，控制欲很强的伴侣可能知道你干了什么事，他／她可以拿这个来要挟你（不管是对还是错），但会等到对自己最有利的时机才把这个秘密告诉你。再比如，某个同事可能知道有个新职位，而且知道你想申请这个职位，但就是不告诉你这件事，以便能给他自己或别人带来好处。有时，这样的人甚至只是为了让你处于不利地位。

当然，所有这些例子都有个共同点，那就是，故意隐藏秘密的人会削弱你对他们的信任。这的确很难办，因为你希望自己能信任朋友、家人、同事和老板。那么，你能做些什么呢？

有一件事你千万不能做，那就是从这些人嘴里撬出秘密。一旦你尝试这样做，就等于承认了对方的权力，给了他们以可乘之机。如果他们泄露了秘密，就会立刻放弃自己的权力——他们可不会急切地那么做。

不过，对方的权力感来自于拥有你想要的信息。所以，千万不要让他们看出你的需求。一旦你发现某个人经常保守秘密，就不要信任他，将他从你的计划中剔除出去。你可以从别处获取你想要的信息，总之要无视他抛给你的所有线索。如果可能的话，要让这类人感觉自己的权力是虚幻的，其实他们根本没有你想要的东西，这样的话，你就消除了他们的动机。你或许无法改变他们与生俱来的隐藏秘密的天性，但你会解除其力量，使其不会困扰你。

————————

你知道他们在跟你隐瞒什么，
但不清楚究竟是什么。

法则
098

有些人就是输不起

我的一个朋友说他几乎无法忍受和他的哥哥待在一起，因为他的哥哥什么都跟人比：谁的工作收入最高，谁的汽车最贵，谁的房子最值钱，谁到最有异域风情的地方度假。看出来了吧，他的哥哥攀比的东西都跟钱有关。

也有些人会攀比体育运动或共同的爱好（"你的相机是哪一款的？"我的火车模型比你的更专业……）。还有些人在育儿方面进行攀比：谁的孩子先学会上厕所，谁的孩子学习成绩最好，谁的孩子在学校的戏剧演出中得到了最好的角色。

对这些过度争强好胜的人来说，这可不仅仅是吹牛那么简单（他们不仅要自己做得好，而且还要让你不如他们）。正是这一点将他们与那些单纯吹嘘自己的人区别开来。

当然，凡事必有原因。一般来讲，这些人在小时候多半因为获胜而得到更多表扬和认可，而不是因为努力或能承受失败。一些不幸的孩子甚至会因未能获胜或取得第一名而受到严厉的批评。在有些例子中，父母（在某种程度上还有老师）尤其注重体育、考试成绩或事业上的成功。我们都知道事业上的成功不一定跟金钱有什么关系，但那些忙于养育过度争强好胜的孩子的家长通常认为有关系。有时候这些父母要求孩子凡事都要争第一，得第二名都不行。

这一切不是你造成的，所以不要放在心上。和很多难相处的人的行为一样，这也是他们的问题。然而，它对你的影响很重要。你之所以认为他们难相处，是因为你不喜欢应对他们那种极度争强好胜的心态。为什么会这样？是他们让你觉得自己不够好吗？

你是否受到诱惑，也想加入其中证明自己有同样的价值？嗯，这就是你的问题了，你的反应是问题的一个重要部分。

听着，我并不是在说这是你的错。如果有人将攀比进行到一种令人厌恶的地步，你当然不该受责备。不过，你应对攀比的能力或许能得到提高，只要你很自信，不去理睬它，为他们感到遗憾。如果你禁不住诱惑，加入了攀比的行列，也变得极其争强好胜，那么很可能在你小时候你的价值观也曾遭受过同样的扭曲。在这种情况下，你就很难认识到这一点并重新调整价值观。倘若你能重新调整，会更快乐。

就我个人来说，对付这些人我自有妙计。它可能不是对每个人都有效，但对我是有效的。我会反向攀比（争当最后一名），如果对方说"我家孩子十八个月大就接受如厕训练了"，我就说"是吗？我打算等他们两岁以后再开始训练他们"。用这种方法对付这些人并不难，而且会让他们闭嘴。更重要的是，他们以为他们赢了，而我知道赢的人是我（我用这个方法来享受攀比，而不是被它激怒）。

他们不仅要自己做得好，
而且还要让你不如他们。

法则
099

操纵不仅仅是说服

上一条法则中讲到了极度争强好胜的心态，有些人之所以为了得到自己想要的而变得鬼鬼祟祟、有操纵欲，这可能就是原因之一。当然，我们有时都会有操纵欲，但有些人一上来就玩阴险卑鄙的那一套。

我十分清楚本书的四分之一内容讲的是如何将人们争取到你这边，你可以说这就是某种形式的操纵。对此我的辩解是，我主张采取不会使对方处于不利地位（事实上往往对他们有好处）的行为。我称其为影响，而非操纵。你知道，我只是把自己观察到的一些行之有效的方法传授给你。不过，公平地说，一些阴险的手段有时候的确能起作用。但当我谈到操纵时，我其实是在讲使用一些未将对对方的影响纳入考虑范围的策略和伎俩。而这些策略和伎俩往往会损害对方。

好的，现在有了这个免责声明，让我们来看看这些操纵者到底是什么样的人？要想把这种行为背后的（往往也是复杂的）原因列出来是不可能的。关键的一点是，这些人受经验的制约，认为这是获得其想要的东西的最佳方法。而优秀的操纵者由于经验丰富，可能在很多时候都能获得其想要的东西。问题是这极有可能并不是你想要的。

这些人找到了一个控制你的新办法，无论是在工作中还是在恋爱中。你知道他们在控制你，却无法证明。他们会否认，他们太长于此道，导致你会觉得你的老板或同事不会相信你。他们会问你一些诱导性问题，会对你进行情感勒索；他们从不接受指责，并且试图让你相信，你才是有问题的那个人；他们撒谎、传播假消息（字面意思，或在人们的头脑中）、故意阻挠你、针对你的弱点。一个低段位的操纵者就够难对付的了，一流的操纵者就是个噩梦。

那么，我们该如何对付他们？首先，不要让他们说服你，让你认为这是你的错。你知道这个人想操纵你，所以忽略他们的暗示——说你过于敏感、健忘或不讲理。你要学会相信自己对某个情况的看法，而不是相信他们的看法。每个操纵者都有自己最得心应手的策略，仔细想想该如何将其识别并提前计划好回应方式。如果他们在工作中跟你抢功，你可以在发电子邮件的时候抄送老板以表明情况并非如此（你可以说你就某个项目向老板报告情况）。如果他们把你没说过的话强加在你身上（"你不觉得让孩子们早点上床更好吗？""这不正是你想要的吗？"），不要上当，要同他们说清楚——他们表达他们的观点，你表达你的。

要学会拒绝那些哄骗你或玩弄你的情感的人。无须给自己找理由，没这个必要。最后一点，如果你能做到的话，要像躲避瘟疫一样躲避操纵者。

要学会相信自己对某个情况的看法，
而不是相信他们的看法。

法则
100

忙碌的人可以少惹些麻烦

　　如果你的老板是个特别难相处的人，你可能很难分散其注意力。不过你应该已经注意到，当他们在其他方面忙得不可开交时，会更容易应付，哪怕只是因为你遇到他们的次数少了一点。不过，有一点适用于应付所有人，那就是给他们找点事情做。

　　这会在几个层面上起作用。首先，你可以给他们布置一个类似于项目的任务，这样他们就会把精力全部集中在上面，而不是一门心思惹你生气。你得给他们找一个相对独立的差事，这样他们就可以避开一些人，否则他们就会去惹恼对方。所以，如果你正在安排一次大型家庭度假，就让你的嫂子负责安排所有旅行事宜，或做住宿方面的攻略并进行预定。即使你不是总指挥，也可以推荐她："各位，我觉得艾莉在安排旅行方面会很出色。艾莉，你干什么都井井有条，咱们这么多人一起出行，可不能在最后一分钟出什么差池，不能冒这个险。"

　　要仔细想想什么角色适合你的嫂子（如果你们住在一个可以

自己做饭的地方，而你让她负责膳食的话，她就会催促每个人去完成采购、烹饪、洗餐具的任务，这会把大家都逼疯）。你要看她有什么特别的技能，在哪个方面比较难对付（以及只有你一个人会被她惹恼还是全家都会被她惹恼）。

必要的时候，你还可以在那个难相处的人和所有不想招惹他的人之间制造出一些距离。比如，派某个人到一个地方去调研，或者去看一看合适的场地之类的。

另外，不管是什么原因让一个人变得难相处，如果他感到自己受到重视，而不是被排斥，就会容易应付一些。假设你在工作中管理一个团队，你们即将参加一次大型展览。如果团队中的某个成员很难相处，而你想和他保持一定距离，他就会感觉自己被排斥，并且会很气恼。这样做不会对你有任何帮助。相反，如果你让他负责安排和整理展台上的所有材料，他就会感觉自己很重要，受到了赏识。这个方案肯定不错。你一定要让这类人知道，你之所以给他们分配这个任务，是因为他们的确可靠、经验丰富、是个出色的组织者或注重细节。要让他们为做好工作而感到自豪，因为这会让大家的日子都好过些。

这还有另外一个好处：团队、家庭或群体中的其他人发现，自己和他们那个难相处的同事、亲戚或朋友之间有了点距离，就会更开心、更卖力，大家也会更有凝聚力。

而且，一旦那个难相处的人为团队成功做了某事，就很有可能下一次在这方面继续获得成功。如果你是他的老板，在跟他一起研究如何提升其人际关系技巧时，就可以将其作为正面经验来利用。如果你是她的小姑，也许你给她找到了一个定位，将来可以做家庭旅游的组织者——她在这方面得心应手，其他人也可以更轻松一些。

你可以给他们布置一个类似于项目的任务，
这样他们就会把精力全部集中在上面，
而不是一门心思惹你生气。

第五章

附加法则：社交法则

　　到此，我希望你能发现一些有用的指南，让你的人际关系更顺利（无论是与家人、同事或朋友的关系，还是跟别的什么需要和谐相处的人的关系）。一旦了解了人们为什么会做出这样那样的行为，以及如何激发他们，你们的生活都会更轻松。

　　然而，我们大多数人还是会时不时地发现跟别人相处令人生畏。无论你是在大多数社交场合还是只在极少数场合下感到焦虑，当环境不适合你时，在其他人身边感到不舒服是非常正常的（无论是活动的规模，还是正式程度或其他人本身方面的原因）。

　　所以，本章汇集了十条法则，期望通过一些适合你的方式来帮助你更多地享受社交活动。是的，一部分诀窍就是要学会最大限度地利用那种适合你的社交场景，同时不要勉强自己，也不要假装享受不喜欢的东西。我们大多数人都希望并需要与他人互动，但你可以按照自己的情况来，还可以学着更好地应对那些让你感觉特别伤脑筋、无法摆脱的奇怪场合。

法则
001

找到自己的标准

你可能认为大多数人都比你更擅长社交，可是我们都会在某些社交场合谈笑风生，这意味着在其他场合我们会有些拘谨。每个人都这样。是的，有些人（比你想的要少）即使是在陌生人面前也会很放松、自在。他们当中的大多数都是通过习惯和长期接触陌生人而做到这一点的。而其他人则对某些场合的喜欢程度远超另外一些场合。那么你喜欢什么场合呢？

我曾经跟一个人交谈过，他告诉我，如果是和超过 6 个人的一群人待在一起，他就会很不舒服。我很惊讶，因为经常有多达 30 个人来他家玩，有时是一天，有时是一晚上。"是的，"他解释说，"不过这不算数，因为他们都是家人。"所以其实这个人和一大群人在一起是很开心的，但前提是他熟悉这些人。

有些人喜欢参加大型聚会（尽管参加聚会的人中没几个是他们认识的），因为他们觉得自己可以在众目睽睽下隐藏起来，这样就不会有人注意到他们。是啊，如果他们只是想躲在某个角落里观望，没人会注意到的。还有些人则感觉跟别人互动会给他们带来巨大的压力，而且完全不知道从哪里开始互动。

这条法则讲的是要了解自己的社交舒适区。它是只跟人数有关，还是要看你相处的那些人是谁？如果是非正式的聚会，即使要和一大群人待在一起，你可能也会感觉很舒服；但是如果你总想着要遵守礼仪、担心自己的着装是否符合规范，就会感觉很不自在。所以不能把这简单化，认为只跟人数有关，即在某个人数范围以内，你就会感觉很舒服，超过了这个人数，你就一直会感到焦虑。

再有，有些人不喜欢闲聊，而是喜欢在由亲密的朋友组成的精选的小圈子内进行的那种交谈；也有些人喜欢男女混合的社交圈，而不是只有女性或只有男性的社交圈。

要知道什么适合你，不要暗示自己不善于社交。告诉你自己，如果条件合适，你是非常善于社交的。你要培养这些条件，也要培养能与之分享这些条件的人。不要把自己认为能应对的人数固定下来，这有点作茧自缚；更有用的是告诉自己，你希望人少一点，但如果有必要，你也可以应付更多的人。

我花了好几年才知道对那些邀请我去酒吧参加男人聚会的朋友说："其实，我很想跟你们见面，但这种酒吧里的男人聚会不适合我。咱们再选个日子聚会吧（替我向酒吧里的那些家伙打招呼）。"有趣的是，自从我这样说后，朋友们就再也不埋怨我了，因为他们都认识到自己也不喜欢这类社交场合。只是要有点自信才能这样说出来。

显然，时不时地走出舒适区是件好事，但首先你要发现这个舒适区。接下来你要认识到，在合适的场景中，你在社交方面是非常自信的。现在你可以允许自己参加这类社交活动，如果机会来了，可以稍稍突破界限。

你要认识到，在合适的场景中，
你在社交方面是非常自信的。

|

事先不要去想

如果你在某些社交场合中会感到焦虑，那么你有可能在到达那里之前就开始焦虑了。你知道马上要参加聚会，而聚会上的人你几乎都不认识；知道要参加一场你不可能推脱掉的婚礼；知道下班后有个酒会，大多数管理层都会参加。

那个日期越是邻近，你越是担忧。你会想到一切可能出错的事情。会不会忘掉营销部主任的名字？手会不会颤抖得太厉害，以致把饮料洒出来？会不会想不出该跟身边的人说什么，在尴尬的沉默中别扭地杵在那儿，让时间一分钟一分钟地过去？自己会不会是唯一一个穿西装的（或是没穿西装的）？

打住，打住，打住！你在雪上加霜！不要事先想太多，这会放大你的焦虑，还会让这些事情在你到达那里后更有可能发生，因为你一直在头脑里"操练"它们。我知道很难不去想，但是不要老是想着自己能否应对，否则你的各种担心都会应验。理想的做法是强迫自己想点儿别的。如果做不到，你的头脑老是回到这件事上，那就想象事情进行得一帆风顺，想象你自己在开心地跟人闲聊，帮别人把酒杯斟满，或是被问到是从哪里买到那条绝妙的领带／裙子／拎包／上衣的。

很多人都要对抗各种形式的社交焦虑，这场战斗在你尚未到达那个社交场合之前就打响了。你要找到一种方法，让这件事不再困扰你。不要去想它，实在控制不住的话，就只想那些你期待的事情（久未谋面的朋友、好吃的、聊天）。

你还可以提前做一些事情，以使自己的焦虑感在到达那里时降至最低。要想分散注意力，最好的办法便是给自己一个使命、一个角色、一件可以专注地去做的事情。如果能让自己以任何形式参与这个活动的组织工作，那是最理想的。

你可以主动提出帮别人拿衣服，或者负责酒吧工作，或者在门口收票，或者照看某个上了年纪的亲戚。问一句"你想喝点什么"比生硬地开启一场对话要容易得多，而且有时候你们会顺着这个话题聊下去。如果不是这样，也没关系。我认识一个人，她有个克服社交焦虑的办法，那就是在聚会上四处走动给人斟满酒（这样斟了几年后，她真的再也不觉得在聚会上不自在了）。

不过，有件事你可以一直做，那就是准备好一串可以开启对话的问题。不用非得是妙趣横生的那种，因为它们只是一个起点。对话需要两个人（至少），对方也有责任把一个礼貌的问题变成一场对话。如果他们没做到，你为何要责备自己？如果是你费力开局的话，那就更没必要自责了。

这就是为什么人们往往会问这些问题："你是不是从很远的地方来？""你在这里认识很多人吗？"他们不是为了真要你回答

某个特定问题，而是为了给你们打开对话的可能性（尤其是共同点）。可能你们最后发现，原来你们来自同一个地方，或者认识相同的人。这些事情可以自然而然地引导你们谈论更有趣的话题。

　　所以，来参加聚会时要准备好几个基本问题，认真想一想这些问题，而不是为感到焦虑烦恼。

————————

　　最好的分散注意力的办法便是给自己一个使命、一个角色、一件可以专注地去做的事情。

法则
003

—

做自己

　　我怀疑，随着年龄的增长，这条法则会越来越容易（至少对我是这样的）。可是，如果不用变老就能将这条法则运用得炉火纯青，那该多美妙啊！对很多人来说，社交活动中最有压力的事情就是你会担心无法融入。你担心自己穿"错了"，或是人们在谈论你不认识的人或不熟悉的话题时你跟不上他们的对话。你可能会害怕自己用错餐具，或者是唯一一个没有带酒来的，或者是唯一一个带酒来的……

　　应对这一点的法则是（我并不是说很容易做到）不要太在乎这件事。记住：别人丝毫不在乎你穿了什么或在做什么。即使你穿得比大多数人都略微精致，或是用茶匙吃了开胃菜，别人也极有可能不在乎，甚至根本没注意到。

　　做自己就好，或许这就是他们邀请你来的目的。如果你环顾四周，会看到很多人都保持了自己的个人风格，这个聚会并不是要让你成为别人的复制品。所以，就算你是唯一一个留那种特殊发型的人，或是唯一一个穿粗革拷花皮鞋、细高跟鞋或及踝靴的人，那又怎么样呢？你跟别人的差异其实很小，别人跟你也一样。我估计你不会穿晨衣或舞会礼服去参加研讨会（除非你是故意这样打扮的。如果是这样，你就没必要遵守这条法则了）。

想一想你上次参加的某个让你感到紧张的活动。有谁跟其他人格格不入、看起来特别扎眼？记不得了？是的，因为他们跟别人的差异很小，而且你根本不会刻意去关注。所以，如果我随便抓住这些人中的某一个，问他们同样的问题，他们会提到你吗？不会，因为你跟别人的差异也很小，他们也不会刻意去关注。明白了吗？

如果有谁确实与众不同，那也可能是因为他给人留下了正面印象。你会因为某个人独特的个人风格而记住他。如果有谁因为穿奇装异服、举止粗鲁或在大家都很安静时讲话而被人记住，那么这个人一开始就不会在乎遵守规范。

如果你需要一点帮助来平息紧张的情绪，最简单、最直白的方法就是直接去问细节。联系一下主办方或组织者，问他们是否有着装要求，或随便问一个朋友或同事他们准备穿什么。在正式的场合，如果你很在意是否"正确"使用餐具或酒杯，那就观察其他人，或者凑过去问坐在你旁边的人："我在这方面一塌糊涂。该先用哪把叉子呢？"

所以，如果你喜欢从众，要想不太出格也很容易。除此之外，开心做自己，同时也欣赏他人所展示出的独特自我。记住，每个人都沉浸在自己的世界里，没工夫关心你是怎么融入的。他们只会享受和你在一起的时光。

———————

别人丝毫不在乎你穿了什么或在做什么。

法则
004

找到焦点

大多数人都对走进一个全是陌生人的房间感到很畏惧。该如何开始跟人交谈？该找什么话题？好吧，为何不走进一个每个人（包括你在内）都有话要说的房间呢？

这条法则并不太适用于应对你受邀参加的活动（不过有时候也可以调整该法则，使其适用于这种情况）。当你想扩大自己的社交圈但对认识新朋友感到焦虑时，这条法则才会真正发挥作用。你可能最近搬了家，或是办理了退休手续，或是重新恢复了单身，想要结交一些朋友，可是又不喜欢这个过程。

如果你加入一些团体（或参加一些活动），里面的人都有共同的兴趣，这立刻就给了你谈话的内容。不管你跟谁交谈，他们都会有话可说，这一点几乎毋庸置疑。如果还安排了什么活动，你们能一起干点什么，那就意味着即使谈话中断，你也不会感觉不舒服。

如果你加入一个铁路模型小组，你可以静静地制作你的模型，偶尔你会让人帮你递一下砂纸，然后问其他模型爱好者更喜欢用哪种轨距，这样就自然而然地进入到一场谈话中。如果你加入一个网球俱乐部，在比赛间隙，你可以问你的对手，他们认为谁会赢得美国公开赛。如果你去参加园艺俱乐部的讲座，在茶歇期间，你可以问别人是否尝试过繁殖狼毒花，以及有什么技巧。

不过，这个法则讲的不是怎么加入俱乐部，并不是这有什么不对。它讲的是如何找到一个不那么令人发怵的方式来认识新朋友。所以，一旦你找到了新朋友，就可以离开这个俱乐部。当然，你可能会喜欢这个俱乐部，想留下来，但一旦达到了目的，你就不必留下来。

其实，不一定非得是某个俱乐部或某个社团，还可以是某个一次性的活动或演出（最好不是每个人都要成双成对出现或跟一群人结伴出现的那种）；或是某种在线小组或游戏，可以让你结识一些人；或是协助组织当地的某场运动来应对你和该地其他人共同面对的某个问题（野生动物、气候变化、城市规划或儿童保育）。

关键是，任何一个共同的兴趣都会给你一个现成的谈话起点，这样的话，你往往可以在其后反复与人见面，并与某个你喜欢的人结交为朋友。你还可以做一些你喜欢的事情。

———————

如果还安排了什么活动，你们能一起干点什么，那就意味着即使谈话中断，你也不会感觉不舒服。

法则
005

看起来要自信

你可能知道跟人见面的基本原则：大方而坚定地握手、自信地打招呼、微笑。当你初次被介绍给某些人时，这些会让你给对方留下深刻的印象，还会鼓励他们以同样友好、开放的态度来回应你。这是你给他们留下的印象，那你自己感觉怎么样？其实，这才是真正的乐趣所在。如果你看起来很自信、友好，自然而然就会感到更自信、更友好。

在见某个人之前（无论你之前是否见过这个人），仔细想想见面时是否该握手，这会对你有帮助。也有可能要拥抱或亲吻脸颊，这要看具体情况。通常这是显而易见的，但有时候也并非如此。比如，如果你去参加婚礼，就可能会见到很多人。是的，你知道该怎么与你的姐妹或好友打招呼，可是如果碰到教过你的老师，该怎么办？如果你遇到从没见过的（除了在婚礼上）那个表妹怎么办？如果碰到十年没见面的室友怎么办？再或者碰到新郎的母亲怎么办？你对他们的问候方式不一定是一样的。

这里有个诀窍，那就是提前决定好打算做什么，然后这样做就好了。不要等对方来决定，因为你会犹豫不决，或者不确定该如何解读那些信号，而这会让你感觉更不自信。比如，你可以定个规则，在开工作会议时，对于所有你不经常见到的人，都采取握手的方式。这很合适，而且很容易做到。

婚礼略有点复杂，不过你可以指定一个宽泛的规则（始终亲吻两个脸颊，或是只拥抱你愿意与之一起喝酒的人），然后当你看到有人朝你走过来时，选择一个方案（一旦决定好，就坚持做下去）。如果对方自信地张开双臂，想要拥抱你，或是看起来性情暴躁或害羞内向，你可以随时调整自己的反应。

但关键是要有个现成的方案，除非你有很好的理由可以不这样做。

其实，这个方法之所以见效，是因为它很简单——让你掌控。它之所以让你感到自信，正是因为这一点。你不能别别扭扭地站在那儿，费力琢磨自己该做什么。是你在发号施令。如果你已经事先想好了，就不会做任何不协调的事情，即便可能有其他同样可以接受的方案。

对方也会做出相同的反应。如果你朝某个人走过去，友好地伸出手，他们会毫不犹豫地开心地握住它。如果你朝从前的室友张开双臂，他们会开怀一笑，拥抱你。无论对你还是对他们，都没有不确定，没有犹豫不决，没有不舒服的感觉，因为你在掌控。怎么样，这种感觉不错吧？

————

提前决定好打算做什么，然后这样做就好了。

法则
006

避免发生眼神接触

很多人都能轻松、自然地跟别人发生眼神接触，但也有不少人觉得这难度特别大。这并不罕见。如果你属于后者，或许你会觉得与家人和亲密的朋友发生眼神接触更容易，但与你不熟悉的人发生眼神接触就比较困难一些。

这个问题的部分答案是，只要以不需要发生眼神接触的方式去社交就好了，至少等到你与人相处更轻松时再这样做。如果跟人聊天时不用看对方的眼睛，你就会感觉轻松很多。所以，你要找到一个看起来很自然的方法。

有趣的是，越来越多的心理治疗师给出了散步疗法这个方案。在新冠疫情期间，有个时期散步成了唯一可以见面的方式。人们发现，这对有些人来说益处多多，因为他们可以在不用一直看着对方的情况下见面、聊天。你不必非得接受治疗。如果眼神接触不是你的强项的话，跟人散步是一个很棒的聊天方式（无论你是否养狗），比跟其他人在喝咖啡时聊天要轻松一些。

很多在线打游戏的人也喜欢边看着屏幕边进行社交，而不是看着某个人的脸（无论是你在网上认识的人还是和你喜欢同样的游戏的朋友）。还有视频会议、视频通话等，都是很好的方式，可以让你利用科技来与人交谈，而无须看着他们的眼睛。当然，你在进行视频通话时可以看着对方，但不知为何，这并不会给你与人面对面交谈时所产生的那种深入接触的感觉。在某些情况下，这似乎是个缺点，但如果你想避免与人发生直接的眼神接触，这就是个理想的方式。通常你还可以选择关掉摄像头，这样对方就只能听到你的声音。

　　当然，如果你出于某种原因还是不喜欢视频通话，或是无法使用这些技术（我之所以这样写，是因为我住在乡下，这里到现在还没有移动信号），别担心，还能打电话，跟其他人在电话中闲聊要容易得多。在跟许多人保持联系方面，社交媒体和现代科技是非常便捷的，但是，如果你要的是交流的深度而非广度，有时它们就不能令你满意。

　　最后，如果你能训练自己自如地应对直接的眼神接触，你的生活会轻松一些。不过，如果你实在做不到，或是目前做不到，或是跟某些人做不到，上述几个方法也都不错，它们可以一边帮你适应与人面对面的交流，一边让社交活动得以持续进行。

————————

> 如果跟人聊天时不看对方的眼睛，
> 你就会感觉轻松很多。

法则
007

—

问与听

我们很多人都不太喜欢跟不熟悉的人谈论自己，也许只是开口说话就让我们感觉很有压力。好消息是，也有很多人很喜欢说话，而且很有可能喜欢谈论自己。所以，如果你让他们来做，他们就会把谈话中所有费力的部分都完成，而你可以放松下来。

你要做的便是问问题。什么问题都行，好让谈话开始：

- 你是做什么的？
- 你今天从哪里来？
- 你认识新娘或新郎吗？
- 你为这家公司工作了多长时间？
- 你是这种音乐／场地／艺术／技术的粉丝吗？

其实，我撒了个谎。你要做的不止这个，你还要倾听。这当然显得你很有礼貌，但同时也意味着你可以继续追问（把球踢过去）。如果对方说了什么特别有趣的事情，你甚至可以插话。当然你会越来越自如，这样的话，如果对方反过来问你什么问题，你也能轻松回答。人人都喜欢善于倾听的人。这个策略比准备一个你自己的故事来回应要好多了（这会让你无法好好地倾听）。

顺便提一下，有一件事人人都觉得很棘手（是的，你绝对不是唯一的一个），那就是，见到某个人却想不起他是谁。如果你感觉很自信，那么最诚实的回答是："抱歉，我总是记不住人的脸。我认出了你，不过请提醒我……"我也这么干过，而且从没出过问题，因为别人都能理解。我们都经历过这种情况。

不过，如果你实在无法做到这一点，我有个很好上手的诀窍：准备好一些适合在这种情况下问的问题，它们要能引导对方给出一些关于其身份的线索，而且还不能让对方听出你忘记他们是谁了。我最初是从我的奶奶那里学到的这个策略。她这一辈子认识了无数人，所以经常觉得某个人脸熟，却怎么也想不起来是谁。她的问题有：

- "你的家人怎么样了？"每个人都有家庭，当对方告诉你利亚刚刚毕业或者伊德里斯还在为委员会工作时，你应该有了线索。
- "天哪，好几年没见了！提醒我一下咱们最后一次见面是什么时候？"对这个问题的回答肯定是一个很重要的线索（无论是在婚礼上、工作中还是某个社交活动上）。

我们之所以想不起来这些人是谁，大部分原因是没有背景信息。只要对方对某个问题的回答透露出这个人是你工作上的联系人，或是孩子学校的某位家长，或是你女儿的一个朋友，一般就足够了。即使你想不起他们的名字，也会意识到他们是谁。

他们把谈话中所有费力的部分都完成了，
而你可以放松下来。

法则
008

屏幕时间也算数

有一种老派的观点认为（我怀疑这个观点是在电脑游戏早期遗留下来的，当时大家玩的都是单机游戏），在线社交"不算数"。很多人在网络游戏出现前就已经长大，他们担心打太多游戏会给其子女带来影响，所以在某些圈子里，打游戏就成了一件不好的事情。

其实，在线社交与我们小时候跟朋友围坐在一起打牌没什么不同。事实上，如果你因为某种原因被困在屋里（疫情、照看小孩子、残疾、要照顾人等），在线社交就是救星。

当然，在线社交也有一些限制。像所有其他事情一样，你也会做过头。就在线社交而言，我认为，如果你忘记吃饭、坐着一动不动、让伴侣独自打理家务或不再跟人面对面交流，就是做过头了。但这些都很容易避免。

从好的方面看，在线社交意味着，即使你的好朋友搬到了世界的另一头，你仍然可以跟他们保持适当的联系。据我所知，有些亲密的朋友虽然几个月甚至几年都没有机会见面交流，但彼此依然能每周甚至每天联系一次。如果是在我那个年代，我们就会慢慢失去联系，或者可能互相寄圣诞卡，或是每隔几个月通一次电话。现在的科技多么神奇，让人们能成群地聚在一起，轻松自然地在外面玩一个晚上，而且花费还要比在酒吧度过一个夜晚少得多。

当然，这是否算是社交时间，关键要看它为你做了什么。只要能让你感到和好伙伴度过了愉快的时光，或跟兄弟姐妹聊得很开心（给你带来和晚上跟人出去玩一样的人际交往的感觉），任何事情都算得上是社交。而你在做这一切时都无须担心跟别人发生眼神接触，或者是否负担得起，或者该穿什么。

————————

在线社交与我们小时候跟朋友围
坐在一起打牌没什么不同。

法则
009

社交媒体也是一个社会

正因为你在线上进行社交，所以也要遵守面对面交流时所要遵守的规则。我们都读到过很多关于网络上胡乱指责他人的报道，当然，没有任何一个法则玩家会参与到这种事情中。但是，这并不仅仅是故意对一些你甚至都不认识的人进行谩骂。如果你不加思考，就很容易让你不认识的人难过，而你并非有意要伤害他们。所以，我们既要享受社交媒体带来的便利，也要当心那些陷阱。

在线社交绝对益处多多，然而，在社交媒体平台上发布的帖子有时会被错误地解读。在屏幕上可能看不出幽默与讽刺，但如果你们待在同一个房间里，它们就会很明显。对于一个跟你不太熟的人来说，开玩笑式的讽刺可能会让他觉得很讨厌。是的，你知道你不是认真的，但对方知道吗？所以，和发邮件一样，在发帖前一定要读一遍，确保另一头的那个人不会对其进行错误的解读。

同样，如果对方不像你这么机警，就可能会给你发一条听起来很不好的消息，而他本意并非如此。所以在生气、难过之前，先回过头读一读这个消息，看看它是否可能有什么别的意思。接下来想想哪种解读可能是对的。如果你不确定，甚至可以问问他，然后再生气或以牙还牙（好吧，我知道你是法则玩家，不会干这种事）。

你可能偶尔会得出这样的结论：这个帖子真的很无礼、不友善。要知道，并非每个人都能理解社交媒体只是另一种形式的社交，而且也要遵守同样的规则。不仅如此，接收负面评论的那一方会更难，因为他可能在独自面对这些，或者无法不以牙还牙（如果当面交流，他可能不会这样做）。

所以，这条法则不仅仅提醒你不要去无意伤害别人，它也提醒你，你有权利期望别人以尊重的态度对待你。只有你能决定是否要拉黑某个人（或其他什么），或是不再与其直接交流，或是与其认真讨论一下这个问题（线上或线下）。但如果你受了伤害或感到不安，不要忍着。划一条界线，说明你能接受什么，并自信地坚守这条界限。

听着，我说的是对个人进行的评论，而不是对你的观点进行的反驳。只要对方用尊重的态度来反对你，就没问题。有不同的观点是健康的，但这种异议不应该变成谩骂、无礼或侮辱。你要享受社交生活（无论是线上还是线下），不要过多去担心它会让你焦虑或难过。

在社交媒体平台上发布的帖子
有时会被错误地解读。

法则
010

混　搭

　　总是跟同一群朋友出去玩的确很有意思，但有不止一个朋友圈也是非常有意义的。那些在社交方面最放松、最自在的人似乎都有好几个朋友圈。好吧，也许你在想鸡和蛋的问题，但究竟哪个在先、哪个在后并不重要，有不止一个朋友圈绝对是件好事。

　　在我的学生时代，我记得如果我的同学圈子有了摩擦，我就会和"家里的"朋友们（完全不同的一个圈子）待上一段时间，这会让我感觉很放松。我在我的孩子身上也看到了这一点。即使是成年人，也会在这样或那样的圈子中碰到麻烦，比如在同事圈中，有人离职、被提拔或被裁员；在亲友圈中，某对处于核心地位的夫妇离婚了。我并不是要你不理这些人，而是说，如果你有其他未被这些问题困扰的朋友，那真是太有帮助了。

　　即使没有麻烦和摩擦，有几个不同的朋友圈也可以使你的人生观开阔得多。如果这些圈子由不同年龄段、有不同兴趣爱好或跟其他朋友的背景很不同的人组成，就尤其有益于拓宽你的人生观。

如果你并非天生就是个外向的人，那么在几个阵营中各占一份会给你很多机会，让你能轻松地练习与各种不同的人打交道。这样的话，如果你不得不与这些人在一些你通常并不喜欢的场合下见面（单位的活动、大型聚会、满是陌生人的屋子里），你会发现社交变得容易一些，因为你已经习惯于接触形形色色的人。

我知道你没时间每周跟几十个人社交，我要说的并不是这个。对于有些朋友，你是在某些圈子中与其交往，而有些则是单独或三个人一起交往；有些人你一个月见一次，而有些人则一年见两次；对于有些人，你会在下班后跟他们一起喝杯咖啡，而对另一些人，你则会与他们共度周末。

那么，该如何建设所有这些朋友圈呢？很容易。只要参加几个不同的非社交性圈子，并把其中一些看起来有潜力的拓展成更具社交性的活动。如果有人邀请你下班后和他们喝一杯，尽量答应他们；暗示别人你会参加下周的展览；询问别人你是否能参加他们的生日聚会。如果你能试着自己提议这样一些事情，那就更好。不知不觉地，你就在享受完整、丰富、有价值、令人兴奋的社交生活了。

有几个不同的朋友圈也可以
使你的人生观开阔得多。

第六章

其他不可错过的人生智慧

　　生活中可不仅仅有育儿这件事。如果你是个聪明人，就会想学习那些成功人士在方方面面的表现：生活、理财、工作、恋爱、育儿。幸运的是，我已经为你下了苦功。多年来。我一直在观察、提炼和筛选，并将那些诀窍总结成一条条方便使用的小法则。

　　我一直很担心，不想把这些法则延伸得太远，但在读者的强烈要求下，我已经涉足了那些影响我们所有人的重要领域。所以，在接下来的章节中，你会试读其他一些法则书中的内容。

　　看看你有什么想法。如果你喜欢这些法则，那么每本书中都会有更丰富的内容。

你会变老，但不一定变得更睿智

有这样一种假设：随着年龄的增长，我们会变得更睿智。恐怕不是这样。实际上，我们会继续做同样的蠢事，仍然会犯很多错误，只是我们犯的是以前没犯过的错误。我们确实会从经验中学习，可能不会再犯同样的错误，但是现在有一个大坑，里面全是各种新错误，它正等着我们绊倒、跌进去。应对的秘诀就是接受这个事实，在犯了新错误时不要自责。所以本条法则其实要告诉你：当你把事情搞砸时，要善待自己。你要宽恕自己，并接受这个事实：我们会变老，但不一定更睿智。

回首过去，我们总是能看到我们犯的错误，但却看不到那些隐藏的错误。智慧不是指不犯错误，而是指学会在犯错后带着尊严和理智全身而退。

当我们年轻的时候，衰老似乎是发生在老年人身上的事情，离我们很远。但其实，衰老发生在每个人身上，我们别无选择，只有接受它，与它一起前行。无论我们做什么，无论我们是谁，事实就是，我们都会变老。而且，随着年龄的增长，这个衰老的过程似乎会加快。

你可以这样看待这件事：你越老，你犯错的领域就越广。我们总会碰上一些新领域，在这些领域中，因为没有指导方针，我们就会处理不好，会反应过度，会出错。我们越是灵活、越是喜欢冒险、越是热爱生活，就越会探索更多新道路，当然也就更会犯错。

只要我们回顾一下过去，看看在哪里犯了错，并下定决心不再犯这些错误，就行了。请记住，所有适用于你的法则也同样适用于你周围的每个人。

他们也都在变老，但并没有哪个人变得更睿智。一旦接受了这一点，你就会对自己和他人更加宽容、友善。

最后，是的，时间确实可以治愈你。随着年龄的增长，很多事情确实会变得更好。毕竟，你犯的错误越多，就越不可能出现新的错误。最好的情况是，如果在年轻的时候就把很多错误都犯了，以后就不用吃那么多苦来学习。而这正是青春的意义所在，它让你把所有能犯的错误都犯了，不给你今后的人生挡道。

智慧不是指不犯错误，而是指学会在犯错后带着尊严和理智全身而退。

这不全与你有关

好吧，是时候跟你说实话了。你最不需要的就是关注自己。这是我的工作，是为了帮助你尽可能地感觉良好。不过，你需要少考虑自己。

我不是要为难你，责备你把自己放在了第一位，或是批评你太自我。我只是想帮助你。事实就是，一个一直想着自己的人很少会快乐。这不仅仅是我的观点，很多研究也证明了这一点。其实你想想，这一点不奇怪。当你专注于自己（或其他任何事情）时，就一定会注意到那些不尽如人意的地方，比如品质、财富、人际关系等。没有谁的生活是完美的，总会有一些你无法改变的事情，或者至少现在无法改变的事情。你花在思考这些缺点上的时间越多，它们在你心目中的重要性就越大，那么当你认为自己被轻视、受到不公平待遇或被忽视时，也就越容易动怒。

我们都认识这样一些人：他们总是谈论自己，如果你试图把话题引向别的方面，他们就会把话题重新带回自己身上。这些人认为一切都与他们有关。比如，老板之所以重新安排了轮值表，就是因为出于某种原因想惩罚他们、不断指责他们或让他们的日子更难，而绝不仅仅因为这个系统更有效，绝不是因为老板只是想平衡很多人和优先事项，因此压根没想到他们。他们无法想象老板居然没有考虑到他们，因为他们一直考虑的都是自己。

听着，我希望你能过上最好的生活，所以，如果你从不考虑自己的需求和愿望，那肯定是不行的。但为了保持平衡，千万不要动不动就把目光转向自己。你要了解自己在大局中、在世界上的位置，要让自己的关注点一直向外。这其实才是所有好东西的所在。

我最讨厌的说法就是"私人专属时间"或"为我"。其实，一天 24 小时都是你的私人专属时间，那你为什么不把所有的时间都用来做想做的事情呢？你可能并不喜欢所有的事情，但最终还是会做，因为你想做（我不喜欢做家务，但不想生活在杂乱的环境中）。我不喜欢孩子们发脾气的样子，但我喜欢做家长，忍受孩子发脾气也是做家长的一部分。我曾经做过我很讨厌的工作，因为我想赚钱。我本可以换工作或流落街头，但我选择不换。我的时间，我的选择。"用于放松的时间"这一概念（我认为这就是"私人专属时间"这一说法背后的含义）本身没什么问题。它的问题部分在于，它在暗示你的其他时间没那么好，在某种程度上不是你自己的选择，这就让你更难接受其他活动，并承认你也选择了它们。

同时，这个说法暗示你比生活中的其他人更重要，最好的时间应该留给你自己，让你尽情享受。在我看来，这听起来很危险，给人感觉你已经失去平衡，正偷偷滑向舞台中央。这可能看起来很诱人，但不会让你快乐。

为了保持平衡，千万不要动不动
就把目光转向自己。

做你自己

当你碰到一个让你怦然心动的人，你是不是很想改造自己，或者努力变成对方想要的那种人？你可以变得特别老练，也可以变得坚强、沉默、神秘。至少你不会再因不分场合乱开玩笑而让自己感到难堪，也不会再在处理问题时表现得无能为力。

实际上，你做不到。也许你能装一两个晚上，甚至一两个月，但是要想一直装下去可太难了。而且，如果你觉得这个人是你的真爱（你懂的），那么你可能要与他／她共度接下来的半个世纪。50年啊，要一直装老练或压抑自己与生俱来的幽默感，想想都可怕。

做不到，对吧？再说，你真的想躲在自己打造的这副人格假面后面过一辈子吗？这是什么日子啊——就因为害怕失去对方，所以永远不能让人知道这根本不是真正的你。假如对方几个星期、几个月或几年后识破了你怎么办，那时候你不就崩溃了？对方肯定会很反感，换了你也会。

我不是说你不该尝试偶尔翻开新的一页，让自己变得更好。不仅仅是在谈恋爱这方面，在其他事情上，我们也应该坚持这样做。你当然可以尝试着让自己更有条理或更积极。改善自己的行为总是件好事，但这条法则讲的是改变你的基本个性。这可行不通，为了尽量装得像，你会把自己搞糊涂的。

　　所以，一定要做自己。不如现在就让对方看看真实的你。如果你不是他／她想要的人，至少在他／她发现之前，你还不会陷得太深。而且，我告诉你，没准他／她其实并不喜欢成熟的那一款。坚强、沉默这一类型的人可能并不适合他／她。没准他／她就喜欢你这种直率且富有幽默感的人；没准他／她就想找个需要照顾的人。

　　看到了吧，如果你假装拥有某些品质的话，你的确会吸引到某个人，但真正适合他／她的并不是你。这又有什么意义呢？有人就喜欢你这样的人，包括你的全部缺点和毛病。而且，我还要告诉你，他／她不会把它们看成是缺点和毛病，而是会看成你的独特魅力的一部分。他／她是对的。

————————

不如现在就让对方看看真实的你。